James Innes

Vorstellungsgespräch auf Englisch

Über 100 Fragen und Antworten

STARK

Der Autor

James Innes, geb. 1975, ist Gründer und Vorsitzender von *The CV Centre*®, dem führenden Lebenslauf-Beratungsunternehmen im Vereinigten Königreich, das zur *James Innes Group* gehört. Nach fast zwei Jahrzehnten Erfahrung an der Spitze von *The CV Centre*® gilt James Innes als einer der führenden britischen Karriereexperten. Er tritt als gefragter Gastredner regelmäßig auf Jobbörsen und Karrieremessen auf, gibt Radio- und Fernsehinterviews und hat eine Reihe von Bestsellern zum Thema Karriere verfasst. Außer dem hier übersetzten *The Interview Question & Answer Book* liegen bisher vor: *The CV Book, The Cover Letter Book, The Interview Book, Ultimate New Job.*

Kontakt zum Autor:

Twitter: @jamesinnes
james.innes@jamesinnes.com
www.CVCentre.co.uk

© James Innes 2012 (print), 2013 (electronic)
© James Innes 2016 (print and electronic)
This translation of The Interview Question & Answer Book 2/e is
published by arrangements with Pearson Education Limited, United Kingdom.
Coverbild: © ra2 studio/fotolia
Übersetzung: Thorsten Schmidt

ISBN 978-3 8490-3050-6
© 2019 Stark Verlag GmbH
www.berufundkarriere.de

Dieses Buch ist dem überschaubaren Kreis von Lehrern gewidmet, denen es tatsächlich gelungen ist, mir etwas beizubringen.

INHALT

Einführung

Liebe Leserin, lieber Leser,

warum bekommen manche Leute fast immer die Stelle, die sie haben möchten? Weil sie genau wissen, wie man beim Vorstellungsgespräch überzeugt!

Sie haben Ihren Lebenslauf erstellt und Ihre Bewerbung abgeschickt? Dann müssen Sie sich als Nächstes auf das Thema „Vorstellungsgespräch" konzentrieren, um Ihren Traumjob zu bekommen.

Als Coach habe ich in meinen täglichen Beratungsgesprächen einiges darüber gelernt, was man tun muss, um im Vorstellungsgespräch einen guten Eindruck zu machen. Dieses Wissen möchte ich in diesem Buch an Sie weitergeben.

Sie wurden zum Vorstellungsgespräch eingeladen?

Ihr Lebenslauf hat Eindruck gemacht und Sie wurden zum Vorstellungsgespräch eingeladen. Was jetzt? Viele Leute denken: „Ach, ich gehe einfach hin und bin einfach ich selbst." Das ist schön und gut, aber so werden Sie Ihren Traumjob nicht bekommen. Sie stehen nach wie vor im Wettbewerb mit anderen Kandidaten. Deshalb ist es von entscheidender Bedeutung, dass Sie sich auf das Vorstellungsgespräch gut vorbereiten. Denn: Dieses Gespräch ist Ihre Chance, Eindruck zu hinterlassen! Mit Ihrem Lebenslauf haben Sie einen Fuß in die Tür bekommen; jetzt sind Sie als Person gefragt!

Weshalb ist eine gute Vorbereitung so wichtig?

Auch wenn Sie der Bewerber mit den besten Kompetenzen, Erfahrungen und Leistungen sind, heißt das nicht automatisch, dass Sie auch das Vorstellungsgespräch erfolgreich absolvieren. Denn nicht immer erhält der geeignetste Bewerber die Stelle. Mitunter stellen sich die Bewerber, die den Unterlagen nach auf Platz 1 liegen, selbst ein Bein.

Bei einem Vorstellungsgespräch spielen viele weitere Faktoren eine Rolle, die nicht in direktem Zusammenhang mit Ihrer Eignung für eine Stelle stehen. Sie verfügen über die erforderlichen Kompetenzen – jetzt müssen Sie beweisen, dass Sie auch gut zu Ihren künftigen Kollegen und Vorgesetzten passen. Diese Chance kann man leicht vertun, wenn man nicht richtig vorbereitet ist. Im Durchschnitt werden mindestens vier weitere Bewerber zum Vorstellungsgespräch eingeladen. Bei gleicher Eignung haben Sie also eine Chance von 20 Prozent, die Stelle zu bekommen. Allerdings können Sie sehr viel dafür tun, um Ihre Erfolgschancen zu erhöhen.

Wie kann Ihnen dieses Buch helfen?

Mit diesem Buch werde ich Ihnen dabei helfen, eine „Siegerstrategie" zu entwickeln und unschlagbar zu werden!

Ich zeige Ihnen,

- wie Sie sich auf eine Vielzahl unterschiedlicher Fragen beim Vorstellungsgespräch einstellen und vorbereiten können,
- wie Sie Klischees vermeiden
- und wie Sie durch Ihren Umgang mit klassischen, aber auch mit heiklen Fragen wirklich Eindruck machen.

Wenn Sie erst einmal auf eine Frage gefasst sind, kann man Sie damit nicht mehr aus der Fassung bringen. Es ist äußerst unangenehm, in einem Vorstellungsgespräch von einer Frage kalt erwischt zu werden. Überraschung erzeugt Druck, Druck erzeugt Stress, Stress erzeugt Panik und Panik kann ein Vorstellungsgespräch ganz schnell ruinieren.

Dieses Buch wird Ihnen von Nutzen sein, egal,

- ob Sie versuchen, Ihre erste Stelle zu ergattern,
- ob Sie nach einer beruflichen Pause an den Arbeitsplatz zurückkehren
- oder ob Sie eine weitere Stufe auf der Karriereleiter erklimmen möchten.

In diesem Buch finden Sie alles, was Sie brauchen, um mit den Fragen klarzukommen, die Ihnen mit großer Wahrscheinlichkeit gestellt werden. Ihnen bei der Suche nach Ihrem Traumjob zu helfen, ist mir auf jeden Fall ein echtes Anliegen.

BESTE GRÜSSE

James Innes

Wichtige Grundprinzipien

Bevor Sie sich mit konkreten Fragen beschäftigen ...

Natürlich kann man nie genau wissen, welche Fragen beim Vorstellungsgespräch gestellt werden, aber bestimmte Themenbereiche werden mit sehr hoher Wahrscheinlichkeit aufgegriffen. Bevor wir uns mit den konkreten Fragen im Vorstellungsgespräch beschäftigen, möchte ich erst noch auf einige wichtige Grundprinzipien eingehen.

Hören Sie zu

Es passiert erstaunlich schnell, dass man gedanklich abschweift und dadurch nicht richtig zuhört. Schließlich befinden Sie sich in einer Stresssituation und wahrscheinlich geht Ihnen viel durch den Kopf. Gut möglich, dass Sie unaufmerksam werden.

Wenn Sie eine Frage akustisch nicht richtig verstanden haben, dann bitten Sie Ihren Gesprächspartner einfach, diese zu wiederholen. Das ist natürlich nicht ideal, aber besser, als zu raten, was gefragt worden sein könnte und unvollständig oder unpassend zu antworten.

Auch wenn Ihnen eine Frage inhaltlich nicht klar sein sollte, können Sie Ihren potenziellen Arbeitgeber ruhig bitten, die Frage zu wiederholen oder anders zu formulieren. Zumindest verschaffen Sie sich so wertvolle Bedenkzeit. Dies sollte aber nicht zur Regel werden!

Versuchen Sie zu verstehen, was hinter der Frage steckt

Weshalb hat man Ihnen diese Frage gestellt? Was versucht man, damit über Sie herauszufinden? Beim Vorstellungsgespräch kann es durchaus vorkommen, dass aus einer Frage nicht direkt hervorgeht, was Ihr Gesprächspartner wissen will. Wenn Sie herausfinden, was hinter einer Frage steckt, sind Sie zu mindestens 80 Prozent auf dem richtigen Weg zur optimalen Antwort.

Ihr Gegenüber will eine Stelle mit dem geeignetsten Bewerber besetzen. Dabei geht es ihm um **drei zentrale Aspekte**:

- Eignen Sie sich für die Stelle? Erfüllen Sie die Anforderungen?
- Werden Sie sich ins Zeug legen?
- Passen Sie zu den anderen Kollegen und zum Unternehmen insgesamt?

Sämtliche Fragen im Vorstellungsgespräch beziehen sich mehr oder weniger auf einen dieser drei Aspekte. Sie müssen daher zunächst überlegen: Welchen dieser Aspekte hat Ihr Gegenüber im Visier? Außerdem müssen Sie darauf achten, die Welt vom Standpunkt Ihres potenziellen Arbeitgebers aus zu betrachten. Was genau hat er im Sinn, wenn er Ihnen eine bestimmte Frage stellt?

Verschiedene Fragearten

Bei den Fragen im Vorstellungsgespräch geht es nicht nur darum, welcher Aspekt ausgelotet werden soll, sondern auch darum, wie die Fragen formuliert sind, welche Fragetechnik angewendet wird. Von der Art der Frage hängt ab, auf welche Art und Weise Sie antworten. Ganz allgemein lassen sich die meisten Fragen in die beiden Kategorien „offen" oder „geschlossen" einordnen.

Geschlossene Fragen

Eine geschlossene Frage lässt sich schnell beantworten, oft mit einem Wort.

- Sind Sie kreativ?
- Blühen Sie unter Druck erst so richtig auf?
- Sind Sie risikobereit?
- Haben Sie Verkaufserfahrung?

Offene Fragen

Eine offene Frage zwingt zu einer längeren Antwort.

- Inwiefern würden Sie sich als kreativ bezeichnen?
- Können Sie mir erzählen, wie Sie mit einer Situation umgegangen sind, in der Sie unter hohem Druck standen?
- Wie risikobereit sind Sie?
- Können Sie mir etwas über Ihre Verkaufserfahrung sagen?

Ein guter Interviewer stellt in der Regel hauptsächlich offene Fragen, umgekehrt wird Ihnen ein schlechter Interviewer eher einen größeren Anteil an geschlossenen Fragen stellen.

Unabhängig davon, mit welcher Art von Frage (oder „Befrager") Sie konfrontiert werden, sollten Sie Fragen nicht mit „Ja" oder „Nein" beantworten – außer Sie sind sich ganz sicher, dass es angebracht ist –, denn dadurch gerät das Gespräch leicht ins Stocken.

TIPP

Die Antworten „Ja" oder „Nein" geben Ihnen keinen Spielraum, sich gut zu verkaufen. Folglich bringt das weder Ihnen etwas noch Ihrem Gesprächspartner. Wenn Ihnen eine geschlossene Frage gestellt wird, dann formulieren Sie die Frage im Geist so um, dass Sie faktisch auf eine offene Frage antworten.

Suggestivfragen

Eine weitere Art von Fragen, mit der Sie vermutlich konfrontiert werden, ist die „Suggestivfrage":

- Welche Charakterschwächen haben Sie?
- Weshalb haben Sie in Ihrer beruflichen Laufbahn nicht mehr erreicht?
- Sie haben bestimmt nicht nur eine Schwäche?

Hier handelt es sich zwar um offene Fragen, aber diese lotsen Sie in eine ganz bestimmte Richtung. Ihr Gesprächspartner erkundigt sich nicht nur danach, ob Sie Charakterschwächen haben oder nicht. Er stellt eine Suggestivfrage und macht dadurch deutlich, dass er grundsätzlich davon ausgeht, dass Sie welche haben. Seien Sie bei Suggestivfragen also auf jeden Fall auf der Hut! Eine Suggestivfrage muss aber nicht immer eine offene Frage sein. Eine Suggestivfrage, die gleichzeitig eine geschlossene Frage ist, kann Sie ganz schön in Zugzwang bringen: „Ich glaube, für die Stelle sind Sie überqualifiziert; meinen Sie nicht?"

TIPP

Keine Sorge: Im Kapitel „Die 25 heikelsten Fragen" zeige ich Ihnen, wie Sie am besten mit Suggestivfragen umgehen *(siehe S. 97)*.

Trichterfragen

Ich möchte Sie noch für eine weitere Fragetechnik sensibilisieren: die soge-nannten Trichterfragen. Bei der Trichtertechnik stellt Ihnen Ihr Gesprächs-partner zunächst eine generelle Frage zu einem Thema, dann fragt er – meist auf der Basis Ihrer Antworten – immer konkreter nach. Und das macht Ihr Ge-genüber so lange, bis er Sie dazu gebracht hat, über genau das zu sprechen, was ihn interessiert. Im Grunde handelt es sich hier um eine gängige Verneh-mungstechnik, aber keine Panik: In der Regel folgen die Ergänzungsfragen ei-nem recht banalen Schema und beginnen meistens mit: „Können Sie mir ein Beispiel nennen?"

Wie gehen Sie mit Trichterfragen um? Seien Sie sich einfach bewusst, dass solche Fragen zum Einsatz kommen können. Und wenn dies tatsächlich der Fall sein sollte? Dann lassen Sie sich von Ihrem Gesprächspartner nicht dazu bringen, etwas preiszugeben, das Sie in einem schlechten Licht erscheinen lässt. Denken Sie an eine der wichtigsten Verhaltensregeln beim Vorstel-lungsgespräch: „Erst das Gehirn einschalten, bevor man den Mund aufmacht!"

Wenn Sie sich richtig vorbereitet haben – und sowohl dieses als auch die folgenden Kapitel sollen Ihnen genau dabei helfen – wird eine solche Frage Sie nicht allzu sehr schocken. Sie werden eine geschickte Antwort parat haben.

Sollten Sie jedoch von einer solchen Frage überrascht werden, dann lassen Sie sich einige Sekunden Zeit, bevor Sie antworten. Das sollte reichen, um die Frage zu verarbeiten und die passenden Sätze zu finden.

Behalten Sie den roten Faden

Achten Sie darauf, Fragen vollständig zu beantworten, ohne ins Schwafeln zu geraten oder unnötig herumzuplappern. Nervosität kann dazu führen, dass Sie zu viel sagen und zu viel von sich preisgeben.

Die Macht des Schweigens

Die Schweigetechnik wurde schon immer sehr erfolgreich von Führungskräften, Journalisten, Verhandlern und Personalern eingesetzt, um Leute dazu zu bringen, mehr zu verraten als sie sollten. Deshalb sollten Sie hier vorsichtig sein!

Normalerweise läuft es so: Sie liefern eine Antwort auf eine Frage, aber ihr Gesprächspartner stellt anschließend nicht die nächste Frage, sondern bleibt stumm. Es liegt in der menschlichen Natur, dass Sie dann – abgesehen davon, dass Sie sowieso schon nervös sind – weitersprechen und entweder Ihre Antwort genauer erläutern oder umformulieren, um das unangenehme Schweigen zu überbrücken.

Für Psychotherapeuten ist Schweigen ein wichtiges Instrument. Sie sind darin geschult, sehr wenig zu sagen. Dies bringt ihre Klienten dazu, sich zu öffnen. Das ist sehr nützlich, wenn sich jemand einer Psychotherapie unterzieht, aber nicht bei einem Vorstellungsgespräch. Jetzt kennen Sie diese Technik, tappen Sie also bitte nicht in diese Falle! Ihr Gesprächspartner könnte sie zum Beispiel anwenden, nachdem er eine Frage gestellt hat wie: „Was sind Ihre Schwächen?" Je länger er Sie am Weiterzusprechen hält, desto mehr werden Sie ihm vermutlich verraten.

Belegen Sie Ihre Antworten mit Praxisbeispielen

Sie sollten versuchen, konkrete Beispiele in Ihre Antworten einzubauen, wann immer es möglich ist. Wenn Sie passende Beispiele aus Ihrer eigenen Erfahrung anführen, untermauern Sie Ihre Aussagen auf ideale Art und Weise. Ich habe bereits erwähnt, dass viele Personalverantwortliche mit einer einfachen Frage zu einem Thema beginnen und dann in der Anschlussfrage nachfragen: „Können Sie mir ein Beispiel nennen?" Sie können dem zuvorkommen, indem Sie Ihre Antwort gleich von sich aus mit einem Beispiel illustrieren und Ihr Gegenüber damit beeindrucken.

TIPP

Wenn Ihr Gesprächspartner Ihnen eine direkte Frage stellt, ohne Sie explizit um ein Beispiel zu bitten, dann bringen Sie ruhig von sich aus eines ein!

Unangenehmes umschiffen

Wenn ein Politiker oder eine Top-Führungskraft ein Fernsehinterview gibt, wird Ihnen auffallen, dass sie alle einen Trick im Ärmel haben: Wenn sie diskussions- und/oder mediengeschult sind, wird es ihnen stets gelingen, ihre Argumente zu platzieren, unabhängig davon, was man sie gefragt hat. Das trifft besonders dann zu, wenn es um sensible Themen geht oder wenn der Interviewer sehr aggressiv ist.

Wenn Sie in der Lage sind, eine Frage elegant zu umgehen, also ein Thema zu vermeiden, das Ihnen unangenehm ist, und stattdessen etwas sagen, das Sie vorbereitet haben und gerne loswerden möchten, kann das eine sehr wirksame Technik sein. Aber setzen Sie sie sparsam ein!

Die Wahrheit, nichts als die Wahrheit ...

Lügen Sie nie bei einem Vorstellungsgespräch und sagen Sie auch nichts, was Sie nicht belegen können.

Für viele Bewerber beginnen die Probleme, noch bevor sie zum Vorstellungsgespräch eingeladen werden. Denn viele glauben anscheinend, beim Lebenslauf ein bisschen schwindeln zu dürfen – weil alle anderen es auch tun und weil viele potenzielle Arbeitgeber die Bewerberangaben nicht so gründlich prüfen, wie sie es vielleicht tun sollten.

Ich kann jedoch jedem nur strikt davon abraten, im Lebenslauf etwas anzugeben, das nicht der Wahrheit entspricht. Beim Vorstellungsgespräch kann einen dies sonst leicht zu Fall bringen.

FAUX-PAS

Ein Bewerber behauptete in seinem Lebenslauf, fließend Französisch zu sprechen; als er im Vorstellungsgespräch auf Französisch antworten sollte, war er dummerweise ziemlich erschrocken.

Lügen sind erstaunlich häufig der Grund dafür, dass jemand vor dem Vorstellungsgespräch ins Flattern kommt: aus Angst, er könnte möglicherweise als Lügner enttarnt werden.

STATISTISCHES

Umfragen zeigen, dass etwa 30 Prozent der Bewerber beim Vorstellungsgespräch in der einen oder anderen Form „lügen".

Natürlich hängt es ganz davon ab, wie man „Lüge" definiert. 20 Prozent verstricken sich in eine „grobe Lüge" (wegen der man später aufgrund groben Fehlverhaltens gekündigt werden könnte), während bis zu 35 Prozent zumindest eine kleine Schwindelei einbauen.

Doch nur, weil „alle es tun", heißt das nicht, dass Sie es auch tun sollten. Nicht jeder lügt – und es ist sehr fraglich, ob die, die es mit der Wahrheit nicht so genau nehmen, überhaupt davon profitieren. Ob Sie die volle Wahrheit sagen, ist jedoch eine ganz andere Sache. Natürlich sollte man die Dinge positiv darstellen; man bewegt sich hier aber auf einem schmalen Grat und muss selbst entscheiden, was vertretbar ist und was nicht.

Wichtig: Plappern Sie nichts nach

Im Folgenden präsentiere ich Ihnen Musterantworten auf eine Reihe von Fragen. **Allerdings ist es ausgesprochen wichtig, dass Sie sich selbst Antworten ausdenken und formulieren!** Mit meinen Hinweisen zur Bedeutung der Frage und zur Gestaltung Ihrer Antwort sollte Ihnen das nicht schwerfallen.

Meine Beispiele sollen dazu dienen, das Gesagte zu veranschaulichen, sie sind Leitlinien und die meisten passen höchstwahrscheinlich nicht genau zu Ihrer Situation. Es ist wichtig, dass Sie selbst nachdenken und Ihre Antworten auch selbst ausarbeiten. Meine Aufgabe ist es, Ihnen dabei behilflich zu sein. Das erfordert Zeit und Mühe Ihrerseits, ist aber unerlässlich, da Ihre Antworten authentisch sein müssen. Aber Zeit und Mühe werden sich ganz bestimmt auszahlen: Sie werden sich um einiges selbstsicherer fühlen.

Viel zu viele Bewerber machen einen Fehler: Sie klingen im Vorstellungsgespräch, als hätten sie etwas aus einem (altmodischen) Ratgeber auswendig gelernt. Bitte tappen Sie auf keinen Fall in diese Falle, das ist wirklich wichtig! **Es gibt keine generell richtigen Antworten auf Fragen im Vorstellungsgespräch, nur Antworten, die für Sie die Richtigen sind.** Ich werde Ihnen helfen herauszufinden, wie diese richtigen Antworten lauten sollten.

Auch wenn Sie Ihre Antworten vorbereitet und geübt haben, sollten Sie darauf achten, dass diese nicht gestelzt oder einstudiert klingen, sondern natürlich „rüberkommen". Bei den schwierigeren und anspruchsvolleren Fragen ist das besonders wichtig. Wenn Sie sich nie überrascht zeigen und immer – ohne zu zögern – passgenau antworten, wird Ihr Gegenüber wahrscheinlich skeptisch.

Die Top-10-Fragen –
in (fast) jedem Vorstellungsgespräch

Antworten parat haben

Als Erstes habe ich die Top-10-Fragen in einem Vorstellungsgespräch für Sie zusammengestellt. Zumindest einige (oder Varianten davon) wird man Ihnen mit Sicherheit stellen – wenn nicht sogar alle. Über Ihre Antworten auf diese Fragen sollten Sie daher wirklich gründlich nachdenken. Bevor Sie das nicht getan haben, sollten Sie noch nicht einmal im Traum daran denken, zu einem Vorstellungsgespräch zu gehen!

1. Can you tell me a bit about yourself?
2. Why have you applied for this vacancy?
3. Why do you wish to leave your current position?
4. Why do you want to work for this organisation?
5. What are your strengths?
6. What are your weaknesses?
7. What has been your greatest achievement / accomplishment?
8. What can you, above all the other applicants, bring to this job?
9. Where do you see yourself in five years' time?
10. You've mentioned x under the Interests & Activities on your CV. Can you tell me a bit more about that?

Im Folgenden beschäftigen wir uns nacheinander mit diesen (und ähnlichen) Fragen. Zuerst werden wir analysieren, was Ihr Gesprächspartner mit der jeweiligen Frage bezweckt. Danach finden Sie Hinweise für Ihre individuelle Antwort und eine Musterantwort, an der Sie sich orientieren können.

1. Can you tell me a bit about yourself?

▶ Can you talk me through your CV?

Was hinter der Frage steckt

Das ist eine beliebte Frage zu Beginn, um das Vorstellungsgespräch in Gang zu bringen. Sie stehen quasi im Rampenlicht und können loslegen. Möglicherweise ist Ihr Gesprächspartner aber auch einfach überarbeitet und hat Ihren Lebenslauf noch gar nicht gelesen. Indem er diese Frage stellt, verschafft er sich erst einmal eine kleine Atempause!

Ihre Antwort

Wie setzt man bei dieser weit gefassten Frage am besten an? Man fragt Sie hier nicht nach Ihrer Biografie. Konzentrieren Sie sich auf die wesentlichen Angaben in Ihrem Lebenslauf, die einen direkten Bezug zu der Stelle haben, um die Sie sich bewerben. Erzählen Sie nicht Ihre komplette Lebensgeschichte! Ihr Gesprächspartner soll sich ein Bild von Ihnen machen können, aber Sie liegen nicht beim Psychoanalytiker auf der Couch. Werden Sie also nicht zu persönlich!

Was haben Sie in der Rubrik „Berufserfahrung" in Ihrem Lebenslauf geschrieben? Vieles davon können Sie für die Antwort auf diese Frage verwenden. Allerdings sollten sie sich nicht nur zu Ihrer beruflichen Laufbahn äußern, sondern durchaus auch zu Ihrer Ausbildung und Ihren Qualifikationen oder sogar zu Ihren Hobbys und Interessen.

Üben Sie Ihre Antwort unbedingt vorab ein und versuchen Sie, sich kurz zu fassen. Wenn Sie es nicht schaffen, sich in einer Minute anzupreisen, besteht die Gefahr, dass die Aufmerksamkeit Ihres Gegenübers nachlässt.

I'm a highly driven individual with extensive management experience acquired principally in the aviation sector. Following completion of my degree in international business, which included a couple of years in Germany, I started my career in administration and have worked my way up to become an export sales manager. I believe I combine a high level of commercial awareness with a commitment to customer care, which helps me to achieve profitable growth in a competitive market. I enjoy being part of as well as managing, motivating, training and developing a successful and productive team and I thrive in highly pressurised and challenging working environments. I have strong IT skills, I'm fluent in French and I'm also a qualified first aider. In my spare time I undertake a wide range of activities; I'm particularly keen on squash and I am also currently working towards my Private Pilot Licence.

2. Why have you applied for this vacancy?

▶ Why do you want this vacancy?
▶ What attracted you to this vacancy?
▶ Why do you think you're suitable for this job?
▶ What is it that you are looking for in a new job?

Was hinter der Frage steckt

Ihr Gesprächspartner möchte herausfinden,

- ob Ihnen vollständig klar ist, was die Stelle beinhaltet,
- wie gut Sie dem Anforderungsprofil entsprechen,
- was Sie am meisten an der Stelle reizt.

Ihre Antwort

Hier handelt es sich um eine weitere offene Frage. Auch hier gilt: Sagen Sie nicht zu viel. Nehmen Sie sich genug Zeit dafür, sich eine passende Antwort zu überlegen, und konzentrieren Sie sich dabei auf einige entscheidende Punkte: Erklären Sie Ihrem Gegenüber, inwiefern Sie dem Anforderungsprofil entsprechen. Machen Sie deutlich, dass Sie genau wissen, was die zu besetzende

Position verlangt. Wenn Sie gründlich recherchiert haben, haben Sie eine gute Vorstellung davon, was gesucht wird.

Sie wurden gefragt, warum Sie sich um die freie Stelle beworben haben. Versuchen Sie Ihre Antwort so zu formulieren, dass klar wird, weshalb Sie der richtige Kandidat für die freie Stelle sind.

> I've applied for this vacancy because it's an excellent match for my skills and experience and because it represents a challenge, which I know I'll relish. I already have extensive experience as a senior quantity surveyor, including previous experience of rail and station projects, an area I'm particularly interested in. I enjoy managing multiple projects simultaneously. I also enjoy overseeing and coaching junior and assistant quantity surveyors. I'm used to dealing directly with clients; developing productive working relationships with clients is definitely one of my strengths. This role is exactly the sort of role I am currently targeting and I am confident I will be able to make a major contribution.

3. Why do you wish to leave your current position?

▶ Why do you wish to leave your current employer?
▶ What do you plan to say to your current employer in your letter of resignation?

Was hinter der Frage steckt

Ihr Gesprächspartner versucht, Ihre Beweggründe für den Jobwechsel nachzuvollziehen. Er möchte außerdem wissen, wie ernst es Ihnen damit ist: Sind Sie wirklich entschlossen, sich zu verändern, oder vergeudet er mit Ihnen im Grunde nur seine Zeit?

Ihre Antwort

Es gibt viele Gründe eine Stelle aufzugeben, aber nicht alle sprechen für Sie.

Positive Gründe sind:

- Sie streben nach größeren Herausforderungen.
- Sie möchten sich verändern.

- Sie suchen nach besseren Entfaltungsmöglichkeiten.
- Sie möchten vorankommen.
- Sie möchten eine weitere Stufe auf der Karriereleiter erklimmen.

Negative Gründe sind:

- Probleme mit Ihrem Vorgesetzten,
- Probleme mit einem Kollegen,
- finanzielle Schieflage des Unternehmens,
- persönliche Gründe.

Wenn Sie Ihre Stelle aus einem positiven Grund aufgeben möchten, ...
wird es Ihnen leichtfallen, eine Antwort zu formulieren. Erklären Sie Ihrem Gegenüber Ihre Beweggründe und inwiefern ein Stellenwechsel Ihnen beim Erreichen Ihrer Ziele helfen würde. Sie unternehmen einen positiven Schritt, für den Sie positive Gründe haben und möchten ein positives Ergebnis erzielen – ganz einfach.

Wenn Sie Ihre Stelle aus einem negativen Grund aufgeben möchten, ...
wird es etwas komplizierter. Am besten schauen wir uns die unterschiedlichen Situationen im Folgenden der Reihe nach an.

Probleme mit Ihrem Vorgesetzten
Probleme mit dem Vorgesetzten sind einer der Hauptgründe, den die Leute (bei Umfragen) für einen Stellenwechsel angeben. Sie sollten jedoch niemals etwas Negatives über einen aktuellen oder früheren Vorgesetzten äußern. Das ist unprofessionell und wirft ein schlechtes Licht auf Sie. Und Sie stellen sich nicht gerade als loyal dar.

Kritik am gegenwärtigen Arbeitgeber gilt als einer der Hauptfehler, den man beim Vorstellungsgespräch machen kann, und wird Sie höchstwahrscheinlich um die gewünschte Stelle bringen – unabhängig davon, ob Ihre Kritik berechtigt ist oder nicht. Bemühen Sie sich, eine Antwort zu geben, die sich auf die Vorteile eines Stellenwechsels konzentriert, statt etwas über Ihre Probleme mit Ihrem Vorgesetzten zu sagen.

FAUX-PAS

Ein Bewerber konnte es sich im Vorstellungsgespräch nicht verkneifen, vernichtende Kritik an seinem momentanen Vorgesetzten zu üben. Dummerweise war dieser ausgerechnet der Schwager seines Gesprächspartners.

Probleme mit einem Kollegen
Vielleicht möchten Sie wegen eines permanent unangenehmen Kollegen gehen. Wenn Sie versuchen, das Ihrem Gesprächspartner zu erklären, könnten Bitterkeit oder Schuldzuweisungen in Ihrer Antwort mitschwingen. Das macht Sie aber für einen potenziellen Arbeitgeber unattraktiv. Auch hier empfiehlt sich eine Antwort, die auf die Vorteile eingeht, die ein Stellenwechsel für Sie hat. Sie sollten nicht die Aufmerksamkeit auf Ihre Probleme lenken.

Finanzielle Schieflage des Unternehmens
Auch wenn Sie sich bereits für einen Wechsel entschieden hatten, noch bevor Ihr Arbeitgeber vor der Pleite stand, möchten Sie nicht als Ratte etikettiert werden, die das sinkende Schiff verlässt. Das spricht nicht für Ihre Loyalität. Geben Sie das lieber nicht als Grund an.

Persönliche Gründe
Es gibt viele persönliche Gründe dafür, sich einen Stellenwechsel zu wünschen, vielleicht möchten Sie zum Beispiel eine bessere Work-Life-Balance. Persönliche Umstände sollten Sie aber möglichst nicht als Argument anführen. Stattdessen sollten Sie Ihren Gesprächspartner in dem Glauben lassen, dass Sie wechseln, weil Sie nach einer vielversprechenderen Möglichkeit suchen.

 I would simply tell them that, after careful consideration, I have made the decision to move on to a new challenge. Naturally, I'd thank them for the opportunities with which they presented me during the course of my employment, reassure them that I will, of course, do my best to help ensure the seamless transfer of my duties and responsibilities before leaving, and wish them all the very best for the future.

TIPP

In Ihrem Kündigungsschreiben sollten Sie ebenfalls so freundlich wie möglich zur Sache kommen; nicht zuletzt, weil Sie vielleicht irgendwann einmal eine Empfehlung seitens dieses Arbeitgebers benötigen könnten *(zum Thema Referenzen siehe S. 95)*.

 4. ## Why do you want to work for this organisation?

▶ What is it about our organisation that attracts you?

Was hinter der Frage steckt

Der Personalverantwortliche analysiert Ihre Beweggründe und sondiert, welche Erwartungen Sie bezüglich seines Unternehmens haben. Weshalb möchten Sie gerade dort arbeiten? Bei dieser Frage erkundigt man sich nicht direkt danach, was Sie über das Unternehmen wissen, doch um angemessen darauf antworten zu können, müssen Sie zeigen, dass Sie Ihre Hausaufgaben gemacht haben.

FAUX-PAS

Ein Bewerber antwortete auf die Frage, warum er denn für das Unternehmen, bei dem er sich vorstellte, arbeiten möchte: „Weil die Firma ihren Sitz im Zentrum von London hat." Er hat die Stelle nicht bekommen.

Ihre Antwort

Wenn Sie gründlich recherchiert haben, werden Sie ausführliche Informationen über das Unternehmen gesammelt haben, bei dem Sie sich bewerben. Ganz wesentlich ist hier, wie Sie Ihrem Gesprächspartner vermitteln, was Sie über Ihren potenziellen Arbeitgeber wissen. Den Schwerpunkt sollten Sie dabei darauf legen, was Sie speziell an diesem Unternehmen reizt.

I'm particularly attracted by how progressive an organisation you are. I've seen how your sales levels have grown the past few years and I'm aware of your plans to expand into the United States. Yours is an organisation which is rapidly developing and evolving and that's exactly what I'm looking for. I want to work for an organisation which is forward-thinking and isn't afraid to tackle new challenges.

TIPP

Die folgende eng verwandte, aber pauschalere Frage behandeln wir im nächsten Kapitel (*siehe* S. 73).

▶ What do you know about us as an organisation?

5. What are your strengths?

▶ What are you good at?
▶ What do you consider yourself to be good at?

Was hinter der Frage steckt

Mit dieser Frage möchte Ihr Gesprächspartner

- herausfinden, welches Ihre Hauptüberzeugungsargumente sind,
- feststellen, ob Ihre Stärken für die zu besetzende Position maßgeblich sind,
- und Einblick in Ihre Persönlichkeit bekommen (wie selbstbewusst oder arrogant sind Sie?).

Ihre Antwort

Jeder hat Stärken. Sie sollten als Antwort keine lange Liste von Stärken herunterzurasseln, sondern einige wirkliche Stärken hervorheben, die für das Unternehmen attraktiv sind. Erörtern Sie jede davon kurz und – das ist das Wichtigste – erläutern Sie, welchen Bezug Sie zu der Stelle haben, um die Sie sich bewerben. Sie können sogar genauer auf eine Ihrer Stärken eingehen und im Zusammenhang damit eine konkrete Leistung erwähnen, mit der Sie Erfolg hatten.

Wählen Sie Ihre Stärken sorgfältig aus. Es könnte zum Beispiel schwierig werden, etwas Interessantes darüber zu erzählen, wie sorgfältig Sie sind und dass Sie auch auf Kleinigkeiten achten. Wird aber beispielsweise ein Teamleiter gesucht, können Sie Teamführung als eine Ihrer Stärken aufzählen und eine entsprechende Leistung nennen.

I believe my key strength is that I combine experience of traditional film production with extensive experience in the online arena. I'm very aware of current trends in new media and am able to demonstrate excellent creative judgement. I'm also very good at juggling multiple projects simultaneously; in my current role I frequently have as many as half a dozen different projects on the go at any one time, and I'm committed to completing them all on time and on budget. This clearly requires extremely strong project management skills.

TIPP

Wenn Sie Ihrem Gegenüber nicht mindestens ein Beispiel nennen, mit dem Sie Ihre Aussage untermauern, müssen Sie damit rechnen, dass er Sie um eines bittet.

6. What are your weaknesses?

▶ What are you not good at doing?
▶ What do you find difficult to do and why?
▶ In what areas do you feel you need to improve?

Was hinter der Frage steckt

Mit Fragen dieser Art möchte Ihr Gesprächspartner

- etwaige Schwächen identifizieren, die sie als Kandidaten für die zu besetzende Stelle aus dem Rennen werfen,
- sehen, wie Sie auf eine etwas knifflige Frage reagieren,
- beurteilen, wie selbstkritisch Sie sind und wie Sie Schwäche definieren.

Ihre Antwort

Zugegeben, diese Frage ist knifflig, als „heikel" würde ich sie aber nicht bezeichnen, da gibt es heiklere Fragen. Lassen Sie sich von so einer Frage nicht aus der Fassung bringen, Sie können durchaus mit positiven Aussagen antworten.

So legen Sie sich eine gute Antwort zurecht: Machen Sie sich zunächst einmal klar, dass Sie grundsätzlich nur berufliche Schwächen zur Sprache bringen sollten, außer Ihr Gesprächspartner möchte explizit etwas anderes wissen, was aber eher unwahrscheinlich ist.

 FAUX-PAS . . . .

Seien Sie mit Humor besser vorsichtig! Wenn Sie sagen: „Meine einzige Schwäche ist Kryptonit", wie es ein Bewerber tatsächlich einmal getan hat, kann es sehr gut sein, dass Ihr Gesprächspartner das nicht so lustig findet und sie keineswegs für einen Superhelden hält.

. . . .

Was Sie besser nicht sagen sollten: „Ich habe gar keine besonderen Schwächen." Denn das ist ganz sicher nicht die Antwort, die ein Personalentscheider hören möchte. Ihr Gesprächspartner möchte sicherstellen, dass Sie sich selbst objektiv betrachten und auch selbstkritisch sein können, wenn es angebracht ist. Wenn Sie wirklich glauben, gar keine Schwächen zu haben und das auch äußern, wirken Sie sehr wahrscheinlich arrogant.

Wenn Sie Ihre Schwächen nicht direkt nennen möchten, gibt es zwei Möglichkeiten:

- Eine Schwäche zu nennen, die gar keine ist.
- Eine Schwäche zu erörtern, aus der sie eine Stärke gemacht haben (oder machen können).

Das Problem bei der ersten Variante ist, dass Ihre Antwort schnell ins Klischeehafte rutscht und Sie klingen, als hätten Sie die Musterantwort aus einem Ratgeber auswendig gelernt: „Meine Hauptschwäche besteht darin, dass ich ein Perfektionist bin." Oder: „Man sagt mir nach, dass ich zu hart arbeite, ich lege mich oft viel zu sehr ins Zeug."

Ich persönlich ziehe die zweite Möglichkeit vor: über eine Schwäche zu sprechen, aus der Sie eine Stärke gemacht haben oder das soeben tun. Sie antworten auf diese Frage, indem Sie zunächst eine Schwäche nennen und dann erläutern, wie Sie diese überwunden haben bzw. wie Sie dies gerade versuchen. Sie zeigen damit Ihre Bereitschaft zu lernen, an sich zu arbeiten und sich zu verbessern. Und Sie zeigen auch, dass Sie über die nötige Initiative verfügen, etwas zu ändern, wenn es angebracht ist.

Idealerweise wählt man eine Schwäche, die auf mangelnder Erfahrung beruht und die man durch Hinzulernen überwunden hat (oder gerade dabei ist, dies zu tun), denn eine solche Schwäche lässt sich relativ leicht abstellen.

> When I first started my current job my first few months were an uphill battle dealing with a backlog of work I inherited from my predecessor. I recognised that I have a weakness when it comes to time management. I have since been on a time management course, read a couple of books on the subject and I believe I've made a lot of progress. But it's something I'm still very vigilant of. I make a concerted effort to apply the principles I've learned every day, and to put in place procedures which enable me to most effectively prioritise and process my workload.

TIPP

Rechnen Sie damit, dass Ihr Gesprächspartner nachhakt und mehr als eine Schwäche hören will (*siehe Frage S. 98*).

▶ Ok, That's one weakness. You must surely have more than one weakness?

7. What has been your greatest achievement / accomplishment?

▶ What are your biggest achievements?
▶ What are you most proud of?
▶ What was your biggest achievement in your current / last job?
▶ What has been the high point of your career so far?

Was hinter der Frage steckt

Sofern hier nicht ausdrücklich erwähnt wird, dass es um Ihre letzte Stelle geht, werden Sie nicht unbedingt nach einer arbeitsbezogenen Leistung gefragt. Ihr Gegenüber fragt nach einer Leistung, Punkt. Trotzdem ist eine arbeitsbezogene Leistung normalerweise das, was Ihr Gesprächspartner erwartet.

Ihre Antwort

Sie sollten über diese Frage vor dem Vorstellungsgespräch unbedingt gründlich nachdenken und sich sowohl eine wichtige berufliche als auch eine große persönliche Leistung zurechtlegen, die sie anführen können. Bereiten Sie beides vor!

Gehen Sie nicht zu weit in die Vergangenheit zurück, sondern sprechen Sie über etwas, das Sie vor kurzem geleistet haben. Wenn Sie den Unterpunkt „Leistungen" in Ihrem Lebenslauf untergebracht haben – was ich Ihnen empfehle –, können Sie gut darauf aufbauen.

Erläutern Sie Ihrem Gesprächspartner klar,

- was Sie erreicht haben,
- welche Rahmenbedingungen es dafür gab,
- wie sich das auf Ihre berufliche Laufbahn / Ihr Leben ausgewirkt hat.

Welchen Nutzen haben Sie daraus gezogen? Versuchen Sie, dies so zu formulieren, dass deutlich wird, dass dies auch für jeden künftigen Arbeitgeber interessant und nützlich ist.

 My greatest achievement so far would probably be winning the Manager of the Year award last year. I made numerous operational changes at my branch, including a massive reduction in stock levels, which significantly boosted our working capital. I also drove up sales levels, especially by increasing the uptake of after-sales insurance packages. The net effect was that we smashed the previous branch sales record by an impressive 37 per cent, and profits rose in line with this. This directly resulted in my promotion to the management of the flagship Edinburgh branch.

8. What can you, above all the other applicants, bring to this job?

▶ What makes you the best candidate for this job?

Was hinter der Frage steckt

Ihr Gesprächspartner fragt Sie einfach ganz direkt nach Ihrem Alleinstellungsmerkmal. Er will mindestens einen wichtigen Grund hören, weshalb Sie bei der Besetzung der Stelle die erste Wahl sein sollten.

Ihre Antwort

Was macht Sie zu dem besten Kandidaten für diese Stelle? Offen gesagt, ist diese Frage nicht unbedingt eine Top-10-Frage, wenn man darunter die zehn am häufigsten gestellten Fragen versteht. Diese Frage gehört aber definitiv zu den zehn wichtigsten Fragen, mit denen Sie sich auf jeden Fall auseinandersetzen sollten. Bevor Sie in ein Vorstellungsgespräch gehen, müssen Sie unbedingt wissen, was Sie zu bieten haben. Wenn Sie nicht wissen, was Sie im Unterschied zu anderen Kandidaten auszeichnet, wie wollen Sie dann sich und Ihre Kompetenzen effizient verkaufen können?

Antworten Sie ruhig offen, wenn Ihnen diese Frage gestellt wird. Mit dieser Frage beweist Ihr Gesprächspartner Mut: Er stellt Sie ins Rampenlicht, damit Sie sich verkaufen können. Also können Sie auch mutig antworten. Allerdings sollten Sie darauf achten, nicht zu arrogant zu wirken – das ist schließlich das Letzte, was Sie möchten. Sie bewegen sich hier durchaus auf einem schmalen Grat.

Ich empfehle Ihnen, eine konkrete Situation aus Ihrem Berufsleben anzuführen, die beweist, dass Sie jemand sind, der 100 Prozent gibt (auch wenn das etwas klischeehaft klingt). Wenn Sie hierfür ein konkretes Beispiel präsentieren können, wirken Sie gleich um einiges glaubwürdiger, als wenn Sie dies nicht tun.

Having now been working in this industry for over a decade, I have developed successful relationships with key decision makers in numerous companies, enabling me to achieve a sales conversion rate much higher than average. This is undoubtedly a very challenging role, requiring considerable drive and determination, but I believe my previous sales record is clear evidence that I am more than capable of achieving what it is that you need.

9. Where do you see yourself in five years' time?

- ▶ How long do you plan to stay / would you stay in this job if we offer it to you?
- ▶ What are your long-term career goals?
- ▶ How does this job fit into your long-term career plans?
- ▶ How far do you feel you might rise in our organisation?

Was hinter der Frage steckt

Ihr Gesprächspartner versucht herauszufinden, welche Karriereziele Sie langfristig anstreben. Normalerweise wird jemand gesucht, der etwas dazulernen möchte, der sich entwickeln und vorankommen will. Allerdings will jeder Personalverantwortliche auch eine spezifische Position besetzen und jemanden dafür haben, der bereit ist, sich für einen vernünftigen Zeitraum an diese Position zu binden.

Vielleicht denken Sie, dass diese Frage nur ein Klischee ist und in der Praxis gar nicht vorkommt. Glauben Sie mir: Die Frage wird gestellt, viel öfter, als Sie vielleicht denken.

Ihre Antwort

Vermeiden Sie es hier, zu spezifisch zu werden. Die meisten wissen nicht so genau, welche Stelle sie in fünf Jahren innehaben wollen. Eine konkrete Position zu nennen, die Sie anstreben, kann daher unrealistisch wirken. Versuchen Sie eher anzugeben, welche Verantwortungsebene oder welche Autonomieebene Sie dann hoffentlich erreicht haben werden. Ich rate Ihnen auch zum Ausdruck zu bringen, dass Sie hoffen, auch in fünf Jahren noch bei demselben Unternehmen tätig zu sein.

Five years from now I expect I will have progressed significantly in my career and be making an even greater contribution. Having proved my value to the organisation I would hope to have been given increased responsibilities and greater challenges. I've clearly given a good deal of thought to working for you and I can see that there are a lot of opportunities both for promotion and for ongoing professional development. My career is very important to me and I want to push myself hard to deliver the very best of which I'm capable.

 TIPP

Manche glauben, eine Menge Ehrgeiz / Selbstvertrauen / Sinn für Humor zu beweisen, indem sie antworten: „In Ihrer Position!" Ich würde das jedoch nicht empfehlen, diese Antwort wirkt arrogant und aggressiv.

10. You've mentioned x under the Interests & Activities on your CV. Can you tell me a bit more about that?

▶ What activities do you enjoy outside work?
▶ What are you interested in outside work?

Was hinter der Frage steckt

Es gibt viele mögliche Gründe, weshalb ein Personalverantwortlicher diese Frage stellen könnte:

- Er versucht, Ihre Persönlichkeit und Ihren Charakter auszuloten.
- Er testet, wie ehrlich Sie in Ihrem Lebenslauf waren.
- Ihm sind die Fragen ausgegangen und er möchte die Zeit totschlagen!

Die meisten Arbeitgeber möchten nicht nur wissen, ob Sie in der Lage sind, die Stelle vernünftig auszufüllen, sondern auch was für ein Typ Mensch Sie sind und wie es wäre, mit Ihnen zusammenzuarbeiten. Arbeitgeber sind im Allgemeinen bestrebt, unterschiedliche Charaktere in ihrer Mannschaft zu haben. Sie halten Ausschau nach Mitarbeitern, die ihr Team bereichern könnten.

Eine Umfrage speziell zu diesem Thema wurde zwar noch nicht durchgeführt, aber es gibt viele Einzelberichte von Personalern, die jemanden nur aufgrund seiner Angaben zu „Interessen und Aktivitäten" im Lebenslauf zu einem Vorstellungsgespräch eingeladen haben. Ehrlich gesagt habe ich das auch schon getan.

Ihre Antwort

Diese Frage ist leicht zu beantworten, vorausgesetzt, Sie haben sich darauf vorbereitet. Haben Sie ein Hobby, das beim Vorstellungsgespräch einen interessanten Ansatzpunkt ergeben könnte? Dann werden Sie dies im Lebenslauf erwähnt haben, allerdings sollte es auch tatsächlich Ihr Hobby sein. Wenn Sie Schach anführen, um Ihrem Lebenslauf einen intellektuellen Touch zu geben, tatsächlich aber seit Ihrer Schulzeit nicht mehr gespielt haben, könnten Sie im Vorstellungsgespräch dumm dastehen, wenn sich herausstellt, dass Ihr Gesprächspartner ein Schachliebhaber ist und Sie nach Ihren bevorzugten Eröffnungen fragt.

Es ist immer gut, wenn Sie einfließen lassen können, inwiefern Sie außerhalb der Arbeit Veranwortung übernehmen. Wenn zum Beispiel Fußball Ihre Leidenschaft ist und Sie der Kapitän der ortsansässigen Mannschaft sind, dann sagen Sie das! Neben dem offensichtlichen Pluspunkt, dass Fußball eine Mannschaftsaktivität ist (Sie also vermutlich ein Teamplayer sind), haben Sie damit gleich Ihre Führungsqualitäten unter Beweis gestellt, Ihre Fähigkeit, Verantwortung für andere zu übernehmen und sich für ein Projekt einzusetzen.

I've always been fascinated by planes. I remember my first flight as a child; it was a thrilling experience. Even though I understand the science behind it, I'm still in awe each and every time I see a plane clear the runway. It's quite an expensive hobby to pursue, but as soon as I could afford to do so, I started taking flying lessons. I gained my Private Pilot Licence, went on to qualify as an instructor and I'm now a senior member of my local flying club. Whilst it's not something I've ever wished to pursue as a career, I do enjoy giving the occasional lesson and generally participating in the club community. It's definitely something about which I'm very passionate.

50 weitere klassischeFragen –
Vorbereitung ist alles!

Kernthemen tauchen immer wieder auf

Viele Fragen im Vorstellungsgespräch sind Fragevarianten zu ein und demselben Thema und ein und dieselben Kernthemen tauchen immer wieder auf. Es gibt viele Möglichkeiten, eine Frage zu formulieren, aber nur eine begrenzte Anzahl von Themen, für die sich Ihr Gesprächspartner interessieren dürfte.

Meiner Meinung nach ist es viel wichtiger, die unterschiedlichen Arten von Fragen zu kennen und zu verstehen als Musterantworten auswendig zu lernen. Innerhalb der einzelnen Themen gibt es ein Bündel ähnlicher Fragen. Ich habe Hunderte von Fragen, die in einem Vorstellungsgespräch vorkommen können, zu einer Liste von 50 Fragen komprimiert, die so gut wie alle wichtigen Aspekte abdecken, mit denen ein Personalentscheider Sie vermutlich konfrontieren wird. Im Folgenden sehen wir uns Frage für Frage an.

Sogenannte „heikle" Fragen

Viele Fragen, die Ihnen vielleicht auf den ersten Blick „heikel" erscheinen, sind in Wirklichkeit nur anders und aggressiver formulierte Varianten klassischer Fragen. Statt Ihnen beispielsweise die relativ harmlose Frage zu stellen: „Wie weit glauben Sie, in unserem Unternehmen aufsteigen zu können?", könnte Sie Ihr Gesprächspartner – wenn er leicht sadistisch veranlagt ist – fragen: „Hätten Sie gern meine Stelle?" Natürlich können Sie solche Fragen unterschiedlich beantworten, doch die Kernaussage wird die gleiche bleiben.

Ich behaupte nicht, dass es keine heiklen Fragen gibt; es gibt zweifellos welche (im nächsten Kapitel werden wir uns damit befassen). Doch die meisten Fragen, die Ihnen fies vorkommen, sind in Wirklichkeit gar nicht so schlimm, wenn Sie verstanden haben, auf was Ihr Gegenüber herauswill.

1. How would you describe yourself? How would your boss/colleagues/team/family/friends describe you?

▶ What do you think your references will say about you?
▶ What kind of person are you to work with?

Was hinter der Frage steckt

Ob ein Personaler Sie fragt, wie Sie sich selbst oder wie andere Sie beschreiben würden, ist nicht ausschlaggebend. Denn bei dieser Frage geht es Ihrem Gesprächspartner einzig und allein darum, einschätzen zu können, welches Bild Sie von sich bzw. andere von Ihnen haben.

Ihre Antwort

Diese Frage ist sehr geläufig, ich hätte Sie auch in meine Top-10-Fragen aufnehmen können. Sie sollten sich unbedingt darauf vorbereiten!

Überlegen Sie sich auf jeden Fall einige Adjektive, die Ihre Persönlichkeit kennzeichnen, z. B. loyal, engagiert, ehrgeizig, entschlossen, unabhängig, hochmotiviert oder verständnisvoll.

Erzählen Sie Ihrem Gegenüber, was er hören möchte. Zu eingebildet sollten Sie aber nicht sein, etwas Bescheidenheit ist oft besser. Hier einen Mittelweg zu finden, ist zugegebenermaßen schwer. Das folgende Beispiel wird Ihnen hoffentlich dabei helfen.

 I would describe myself as a very determined and highly motivated person. I do take my job seriously, but I'm able to see things in perspective and believe I'm quite easy-going to work with. I'm an optimist rather than a pessimist, but I'm also a realist and I cope well when the going gets tough; I'm very good at finding solutions to problems. Above all, I would say I'm a positive and enthusiastic person, and I relish a challenge.

TIPP

Hier würde es zu weit führen, wenn Sie Ihre Antwort mit Beispielen untermauern und z. B. eine Situation, in der Sie besonders verständnisvoll waren,
anführen würden.

2. In what ways are you a team player?

▶ Do you prefer working on your own or as part of a team? How would you
   define teamwork?
▶ Can you tell me about a team you worked in and the role you played
   within that team?
▶ What do you think makes a perfect team?

Was hinter der Frage steckt

Teamwork ist in fast jeder Arbeitsumgebung essenziell. Die Frage nach der Fähigkeit, im Team zu arbeiten, ist daher eine der beliebtesten. Ihr Gesprächspartner verspricht sich hier Hinweise auf eine Reihe von Kernkompetenzen:

- die Fähigkeit, mit anderen erfolgreich zu kommunizieren,

- die Fähigkeit, die Standpunkte anderer zu erkennen und zu verstehen,

- die Fähigkeit, einschätzen zu können, welcher Beitrag von Ihnen
  erwartet wird.

Ihre Antwort

Es handelt sich hier um eine sehr wichtige und gängige Frage, die auf vielfältige
Art und Weise formuliert werden kann: Sie sollten also nicht nur eine Antwort auf die Frage „Inwiefern sind Sie ein Teamplayer?" parat haben, sondern
auch auf alle oben aufgelisteten Alternativfragen. Bei Ihren Antworten sollte es
einen gemeinsamen Nenner geben, aber jede einzelne sollte doch etwas anders
gelagert sein.

Sie können sich dabei auf Ihre aktuelle Stelle beziehen, besser wäre es jedoch, aus dem Blickwinkel der ausgeschriebenen Stelle an die jeweilige Frage
heranzugehen. Man fragt Sie, inwiefern Sie ein Teamplayer sind. Sie müssen
sich dabei fragen, in welcher Hinsicht *das Unternehmen* Sie als Teamplayer
einstellen möchte. Ist die Stelle einer Führungspersönlichkeit ausgeschrieben?
Sucht man jemanden, der aus anderen das Beste herausholt? Wird jemand ge-

braucht, der Ideen entwickelt, oder jemand, der es versteht, neue Ideen in die Praxis umzusetzen? Machen Sie sich klar, welche Art von Teamplayer gesucht wird, und liefern Sie dann eine passende Antwort.

> I very much enjoy working with others; I'm outgoing, I enjoy the team spirit and I'm understanding of the needs of others. I'm good at helping the team to see the bigger picture; to see the wood from the trees, helping them to focus on what really matters rather than getting bogged down in irrelevant detail. I'm also good at helping the team to spot flaws in our approach and potential problems and pitfalls. I believe I have strong communication skills, and whilst I don't yet have experience in a leadership role, I do have a talent for liaising between different team members and resolving any disputes which may arise. Conflict between different team members is rarely very productive and is normally best avoided.

3. Do you work well on your own initiative?

▶ Are you able to manage your own workload?

Was hinter der Frage steckt

Angenommen, Sie hätten die Wahl zwischen jemandem, der selbst mit seiner Arbeit zurechtkommt, und jemandem, der ständig Unterstützung braucht, wen würden Sie wohl einstellen?

Mit dieser Frage versucht Ihr Gesprächspartner herauszufinden, zu welcher Kategorie von Arbeitnehmern Sie gehören. Arbeitnehmer, die selbstständig arbeiten, werden sehr geschätzt!

Ihre Antwort

Natürlich zeigen Sie Eigeninitiative. Aber wie können Sie das Ihrem potenziellen Arbeitgeber beweisen? Auch wenn es sich hier um eine geschlossene Frage handelt, sollten Sie nicht nur mit „Ja" antworten. Nutzen Sie die Gelegenheit, in einigen Sätzen (die Sie vorbereitet haben) zu erläutern, inwiefern Sie selbstständig arbeiten können. Wenn Sie dabei die Anforderungen Ihres potenziellen Arbeitgebers berücksichtigen, können Sie Pluspunkte sammeln.

Ein Gesprächspartner, der Ihnen diese Frage stellt, erwartet sehr wahrscheinlich, dass Sie selbstständig arbeiten können. Wenn Sie die Tätigkeitsbeschreibung in der Stellenanzeige sorgfältig gelesen haben, haben Sie eine Idee davon, was von dem neuen Mitarbeiter erwartet wird. Konkretisieren Sie Ihre Aussagen, indem Sie ein Beispiel aus Ihrer bisherigen Berufspraxis anführen, das zeigt, in welcher Situation Sie Eigeninitiative bewiesen haben. Wenn Sie das schaffen, hinterlassen Sie einen noch besseren Eindruck.

 I enjoy working with others but I'm equally able to work on my own initiative. I'm not afraid to ask for guidance if necessary but I'm quick to learn, and once I've understood what's required of me I am more than capable of getting on with the job under my own steam. In my current role I work as part of a close-knit team but that's not to say that there aren't certain tasks and projects I have to handle on my own. For example, I have sole responsibility for reconciling credits and debits on our bank statements to our sales and purchase ledgers. It's not a task that can be shared with anyone; it's not a two-man job. I set aside one day a week to concentrate on this because it does require a lot of concentration, reconciling entries which match and taking steps to resolve any discrepancies.

TIPP

Auch wenn Sie grundsätzlich lieber für sich arbeiten, erwähnen Sie das hier besser nicht. Sie wollen ja nicht als „teamunfähig" etikettiert werden. Bei dieser Frage geht es nicht darum, ob Sie bevorzugt alleine arbeiten, sondern lediglich darum, ob Sie in der Lage sind, Eigeninitiative zu zeigen.

4.   What techniques do you use to get things done

▶ How do you get things done at work?

Was hinter der Frage steckt

Das ist eine recht einfache Frage. Ihr Gesprächspartner möchte sich über Ihren Arbeitsstil informieren; wie planen und organisieren Sie Ihren Arbeitsalltag, um Ihre Ziele zu erreichen? Hier möchte man nicht nur hören, dass Sie sehr organisiert und effizient sind, sondern auch Beispiele dafür, wie Sie etwas konkret erledigen.

Ihre Antwort

Sagen Sie, was Sache ist. Ihr Gesprächspartner erwartet hier keine Zaubertricks oder eine Abhandlung über die neuesten Managementmethoden. Sie brauchen in Ihrer Antwort lediglich auszuführen, nach welchem System und mit welchen Methoden Sie Ihr Arbeitspensum bewältigen und sicherstellen, dass alles zu Erledigende auch tatsächlich erledigt wird. Sie sollten möglichst mit Nachdruck darauf hinweisen, dass die von Ihnen angewandten Methoden auch funktionieren.

> Careful planning is critical to my ability to get things done: planning, organisation and action. I rely heavily on 'To Do' lists. These enable me to capture and record everything which I need to action. I maintain a master To Do list but also have separate To Do lists for each particular project I'm handling. I review these at least once a day to identify my priorities. I always aim to focus on tasks which have deadlines attached to them and also tasks which will achieve the most in the shortest space of time. Less important items I will either postpone, delegate, or, if I am unable to clearly identify the benefits, remove from the list completely. Whilst I have a very heavy workload to juggle I find that these systems enable me to always keep one step ahead and to ensure that nothing slips through the net.

5. What motivates you?

▶ What do you need to retain your motivation?

Was hinter der Frage steckt

Eigentlich möchte Ihr Gesprächspartner Folgendes wissen: „Was müssten wir tun, um Sie zu motivieren?" „Sind Sie motiviert genug, um die ausgeschriebene Aufgabe effizient zu bewältigen?" Dass man Sie das direkt fragt, ist jedoch unwahrscheinlich. Durch die eher offene Fragestellung „Was motiviert Sie?" entlockt Ihnen Ihr potenzieller Arbeitgeber vermutlich mehr Informationen, die für ihn interessant sind – vorausgesetzt, Sie lassen das zu, ohne sich groß Gedanken zu machen. Man möchte hochmotivierte Mitarbeiter einstellen und nicht Leute, die den Job nur irgendwie absitzen bis Feierabend ist.

Ihre Antwort

Bestimmt lassen Sie sich durch alles Mögliche motivieren. Sie müssen hier sorgsam auswählen, nämlich Aspekte, die

- ein positives Licht auf Sie als Person werfen,
- gut vereinbar mit der Stelle sind, um die Sie sich bewerben,
- auch Ihrem Arbeitgeber von Nutzen sind und
- keinerlei Belastung für Ihren Arbeitgeber darstellen.

Ihr Gehalt ist natürlich ein wichtiger Anreiz. Der Lohn ist der Hauptgrund, weshalb Menschen täglich zur Arbeit gehen. Doch wenn Sie nicht gerade im Verkauf oder einer anderen hochgradig geldaffinen und kommissionsbasierten Position tätig sind, sollten Sie davon absehen, das Gehalt als Motivationsfaktor zu nennen. Diese Antwort wäre zu egoistisch; sie beziehen sich rein auf Ihre eigenen Interessen und nicht auf die Ihres künftigen Arbeitgebers.

Ich empfehle Ihnen – je nach der angestrebten Position –, als Motivationsgründe beispielsweise Herausforderungen, Erfolgsstreben oder Anerkennung zur Sprache zu bringen und zu erläutern, inwiefern Ihr Arbeitgeber einen Nutzen hat.

> I'm very results-driven. Doing a good job and achieving the desired end result are my primary motivation. Whilst I enjoy working on a project on my own, I'm particularly motivated by the buzz of working in a team. It's very rewarding working closely with others who share the same common goal. I like to take on a challenge; I like to rise to that challenge as part of a concerted team effort, and I appreciate it when my boss compliments me for a job well done.

6. Are you proactive?

▶ How good are you at taking the initiative?

Was hinter der Frage steckt

„Proaktiv" ist jemand, der sich darum bemüht, künftige Situationen im Blick zu haben und vorausschauend zu handeln, indem er sich entweder auf bestimmte Szenarien einstellt oder diese abwendet. Es ist nicht genau dasselbe wie „die Initiative ergreifen", aber beides ist eng miteinander verwandt. Mit dieser Frage möchten Personalentscheider herausfinden, wie Sie „proaktiv" definieren und ob Sie diese Eigenschaft (die sehr geschätzt wird) haben oder nicht.

Ihre Antwort

Das ist eine der Fragen, bei der Sie ein konkretes Beispiel bringen sollten, auch wenn Sie Ihr Gesprächspartner nicht darum bittet. Wenn Sie Ihre Antwort nicht mit einem Beispiel illustrieren können, sagt sie nicht viel aus. Jeder kann behaupten, „proaktiv" zu sein, aber können Sie das auch beweisen? Überlegen Sie sich vorab ein Beispiel, erläutern Sie Ihrem Gesprächspartner die Rahmenbedingungen und erklären Sie vor allem, was Ihr Handeln gebracht hat.

Yes, I would consider myself to be proactive. I believe it's very important to be as proactive as possible. As the saying goes, a stitch in time saves nine. When my team is working on a project I always do my best to identify possible problems in advance and to make sure that we address them. Recently, a major project of ours was severely affected by a key member of staff leaving the company overnight (for personal reasons). I anticipated that, as a result of this, we wouldn't be able to deliver the solution to the client on time. I took the decision to contact the client, explain the situation, apologise for the delay but make the point that the quality of the finished solution was of greater importance than delivering it on schedule. The client appreciated my honesty, was very understanding and was pleased to hear that we'd never compromise on quality just to be seen to meet a deadline.

7. Are you creative?

▶ In what ways would you say you are creative?
▶ Are you innovative / inventive?

Was hinter der Frage steckt

Hier werden Sie einfach direkt gefragt, ob Sie kreativ sind. Bei fast allen Berufs-
bildern ist zumindest ein gewisses Maß an Kreativität erforderlich und Kreativität gilt oft als Indikator für Intelligenz. Beantworten Sie diese geschlossene
Frage aber nicht nur mit „Ja". Unabhängig davon, wie ein Gesprächspartner
diese Frage nun genau formuliert, müssen Sie erläutern, inwiefern Sie kreativ
sind und inwiefern das beruflich zum Tragen kommt. Untermauern Sie Ihre
Aussage mit mindestens einem Beispiel.

Ihre Antwort

Manche Berufe sind kreativer als andere. Wie Sie Ihre Antwort formulieren,
hängt davon ab, was Sie beruflich machen. Wenn Sie auf einem kreativen Gebiet tätig sind, muss Ihre Antwort entsprechend umfangreich ausfallen. Aber
selbst wenn Sie auf einem Gebiet arbeiten, das als nicht besonders anspruchsvoll in Sachen Kreativität gilt, sollten Sie ein Beispiel dafür nennen können,
wie Sie um die Ecke gedacht oder über den Tellerrand geschaut haben oder wie
Sie auf eine Möglichkeit gekommen sind, etwas anders und besser zu machen.

 Yes, I believe I'm a creative individual. I'm certainly able to think laterally
and to be inventive in terms of finding solutions to problems. Quantity
surveying isn't generally seen as a particularly creative profession, but I
have nevertheless used my creative abilities on numerous occasions; for
example, converting old manual systems of reporting to highly automat-
ed and much more accurate spreadsheet-based systems. This saved me
and my team a considerable amount of time in the long term as well as
meaning we were less exposed to the professional embarrassment of
errors in our calculations.

8. Are you a risk taker?

▶ How do you feel about taking risks?
▶ Do you have a problem with taking risks?

Was hinter der Frage steckt

„Sind Sie risikobereit?" ist wieder eine sehr direkte Frage. Was Ihr Gesprächspartner tatsächlich ausloten möchte, ist Ihre Einstellung zu Risiken. Bei manchen Berufen ist Risikobereitschaft untragbar. Bei vielen Berufen dagegen ist die Fähigkeit, Risiken abzuwägen und kalkulierbare Risiken einzugehen, eine wichtige Kompetenz.

Ihre Antwort

Ihre Antwort hängt zwangsläufig davon ab, um welche Stelle Sie sich bewerben. Handelt es sich um eine Stelle, bei der es vermutlich nicht gern gesehen wird, wenn jemand Risiken eingeht oder den direktesten Weg zum Ziel nimmt, müssen Sie Ihre Antwort entsprechend formulieren. Sie können sogar betonen, dass Sie es als Teil Ihrer Aufgabe ansehen, potenzielle Risiken zu erkennen und kritische Situationen abzuwenden.

Wenn es jedoch zu Ihrer neuen Tätigkeit gehört, Risiken einzuschätzen und angemessene Risiken einzugehen, wird Ihre Antwort natürlich ganz anders ausfallen. Allerdings sollten Sie auf keinen Fall zu waghalsig wirken. Erläutern Sie, welche Schritte Sie unternehmen, um Risiken zu erkennen und einzuschätzen. Führen Sie an, dass Sie nur dann Risiken eingehen, wenn Sie nach der Abschätzung der potenziellen Folgen zum Schluss gekommen sind, dass dies gerechtfertigt ist. Hier geht es auch um Ihre Entscheidungsfähigkeit. Wenn man bereit ist, kalkulierbare Risiken einzugehen, kann das letztlich zur Entscheidungsfindung beitragen.

It depends on how you define risk. I am certainly not somebody who takes unnecessary risks, nor risks that would in any way compromise anyone's personal safety. However, I fully appreciate that commercial success is dependent on taking risks – calculated risks. If, having given a matter careful consideration and weighed up the possible ramifications, I determine that a risk is, in the best interests of the business, worth taking then I am not afraid to take it. You can't always be right, but careful planning and analysis should tip the odds in your favour and ensure that, overall, your decisions pay off. Experience is, of course, essential, and the experience I have gained over the course of my career is invaluable in informing my decisions.

9. How do you handle pressure and stress?

▶ Can you tell me about a time when you were under significant pressure and how you handled that?
▶ Do you thrive under pressure?
▶ How do you cope with the numerous conflicting demands on your time?
▶ What causes you stress at work and why?

Was hinter der Frage steckt

Die Fähigkeit, mit Druck und Stress umgehen zu können, ist bei fast allen Berufen wichtig, ob man nun an der Supermarktkasse sitzt oder ein größeres Unternehmen leitet. Druck und Stress gehören zur Welt, in der wir leben. Ihr Gesprächspartner möchte herausfinden, ob

• Sie erkennen, dass Druck und Stress zum Leben gehören,

• Sie wissen, wie sich Druck und Stress auf Sie auswirken,

• Sie stark genug sind, um gut damit fertig zu werden.

Ihre Antwort

Zu diesem Thema sind viele Fragen denkbar. Daher ist es wichtig, dass Ihnen der Unterschied zwischen Druck und Stress wirklich klar ist, denn das ist nicht ein und dasselbe.

Unter **Druck** zu stehen heißt, dass von Ihnen einiges verlangt wird, dass Sie etwas erreichen sollen, das entweder an sich oder innerhalb des gesetzten Zeitrahmens schwer zu schaffen ist. Druck ist weitgehend eine positive Antriebskraft und für viele ein Motivationsfaktor.

Stress dagegen ist nicht so positiv. Stress tritt auf, wenn der Druck, unter dem man steht, so groß ist, dass man nicht mehr in der Lage ist, die gestellten Anforderungen zu erfüllen. Stress empfindet man, wenn man übermäßigem Druck ausgesetzt ist. Und Langzeitstress kann alle möglichen Probleme verursachen.

Ich bin mir sicher, dass jeder, der dieses Buch liest, irgendwann im Leben schon einmal Druck und Stress ausgesetzt war und daher genau weiß, wie sich beides anfühlt.

Was ist der Schlüssel zur Antwort auf diese Frage? Begreifen Sie diese einfach als Chance, über eine Situation zu sprechen, in der Sie unter Druck standen und Sie sich der Herausforderung gewachsen zeigten. Sprechen Sie möglichst nicht über eine Situation, in der Sie extrem gestresst waren. Es geht darum zu zeigen, dass Sie wissen, was Stress ist, und dass Sie angemessen damit umgehen können. Dabei sollen Sie aber nicht den Eindruck vermitteln, dass Sie selbst schuld daran waren, dass Sie unter Druck geraten sind. Schieben Sie den Grund grundsätzlich auf Umstände, die Sie nicht beeinflussen konnten. Die einzelnen Berufe sind unterschiedlich druck- und stresslastig; davon hängt wiederum ab, wie Sie Ihre Antwort formulieren.

> Working for a small start-up company the past few years has been quite a high-pressure experience on occasion. I've had to deal with numerous conflicting demands on my time and often very limited resources. With careful planning and organisation you can normally reduce the pressure you are under but there will always be factors at play which are outside your control. Personally, while it makes a nice break to have a few pressure-free days, I generally thrive under pressure. I use it to help channel my energies into accomplishing as much as possible. naturally, there are sometimes occasions when the pressure I'm put under is excessive and this can be stressful. However, I'm sufficiently experienced to appreciate that there is only so much you can reasonably be expected to be capable of and the solution is not to panic, but to remain focused on delivering your very best.

10. **Can you tell me about a time when you have failed to achieve a goal?**

▶ What's the biggest failure you've experienced in your career?
▶ Can you tell me about a time when you've failed to meet an important deadline?

Was hinter der Frage steckt

Hier geht es nicht nur um einen konkreten beruflichen Misserfolg, Ihr Gegenüber möchte wissen, wie Sie generell zu Widrigkeiten stehen und wie Sie damit umgehen. Jeder muss im Lauf seiner Karriere Misserfolge einstecken, aber nicht jeder kommt wieder auf die Beine und lernt entsprechend daraus.

Ihre Antwort

Diese Frage lässt sich nicht beantworten, ohne Misserfolge einzugestehen. Führen Sie einfach einen nicht allzu großen Fehlschlag an, am besten einen, bei dem Sie die Faktoren, die zum Scheitern geführt haben, nicht selbst beeinflussen konnten. Hüten Sie sich jedoch unbedingt davor, die Schuld einem früheren Vorgesetzten oder Kollegen zuzuschieben! Sie können allerdings durchaus Ihren Teil der Verantwortung relativieren, indem Sie anmerken, dass nicht Sie allein für das Projekt zuständig waren, sondern ein Team.

In my last job we were given the opportunity to pitch for a major contract at relatively short notice. I was part of a team that spent a couple of weeks working very hard on the tender and it was clear that our company was undoubtedly the best choice for the contract. Unfortunately, the client had employed a rather inexperienced individual to review the tenders and they fell for a competitor's sales pitch, which had a lot less substance but a lot more spin. It was a major blow. I was naturally very disappointed at what seemed a very unfair decision, especially having put so much effort into the tender, but I wrote it down to experience and got on with successfully bidding for other contracts. The following year, the client, having been very dissatisfied with our competitor's performance, asked us to retender for the contract. This time we won it. We did, of course, learn some lessons from our previous failure, but most of all we were fortunate that the individual responsible for reviewing the tenders this time was a lot more experienced.

TIPP

Lassen Sie sich nicht zu der Aussage hinreißen, dass Ihnen nie etwas miss-
lungen ist. Das wird Ihnen Ihr Gegenüber nicht glauben.

11. What's the worst mistake you've made at work and how did you deal with it?

▶ Can you tell me about a time when you made a major error at work?

Was hinter der Frage steckt

Ihrem Gesprächspartner geht es nicht in erster Linie darum, Ihnen ein Schuld-
eingeständnis zu entlocken. Er will wissen, wie Sie auf einen Fehler reagiert
haben, was Ihnen eingefallen ist, um diesen auszubügeln. Die Art, wie jemand
mit seinen Fehlern umgeht, sagt viel über einen Menschen aus.

Ihre Antwort

Ihr Gesprächspartner fragt Sie in diesem Fall konkret nach dem schlimmsten
Bock, den Sie je bei der Arbeit geschossen haben. Machen Sie sich hier Folgendes bewusst: Jedem passieren Fehler. Wichtig ist, dass man daraus lernt und
sicherstellt, dass einem ein und derselbe Fehler kein zweites Mal unterläuft.

Außerdem: Nur, weil man Sie nach dem schwersten Ausrutscher fragt,
der Ihnen je passiert ist, brauchen Sie ja nicht unbedingt davon zu berichten.
Versuchen Sie, über einen durchaus gravierenden Fehler zu sprechen, der aber
kein Hinderungsgrund für Ihre Einstellung ist. Wie schaffen Sie das? Sie erläutern einfach anhand eines geeigneten Beispiels, was Sie gemacht haben, um die
Situation zu retten, und was Sie aus Ihrer Erfahrung gelernt haben. Hilfreich
kann es auch sein, ein Beispiel zu bringen, das bereits einige Zeit zurückliegt.
Und: Sie sollten auf keinen Fall wie jemand wirken, der keinen Fehler zugeben
kann.

I think the worst mistake I ever made at work was in my first-ever job, five years ago. A more senior member of the team seemed to take an instant dislike to me from the start, and one day she was particularly unpleasant to me in front of several colleagues. Later on, I was talking to one of those colleagues who I thought was attempting to console me. Angry and hurt, I foolishly vented my feelings and told her what I thought of the woman in question. I was naturally shocked to find out that my colleague went on to tell everyone what I had said and this certainly didn't help my relationship with the team member who was causing me problems. Rather than let the situation carry on, I chose to have a quiet word with her to find out what her problem was with me and to see if we could put it behind us. It turned out it was nothing personal; she just resented the fact that a friend of hers had also been interviewed for my position and had been turned down. Once we had got matters out into the air, her behaviour changed and we actually got on quite well after that. However, I certainly learned a lot from the experience. I learned that careful communication is vital in managing interpersonal relationships and that if I have a problem with someone it's always best to talk it over with them rather than with someone else.

12. How would you handle the following situation?

▶ What would you do if you were presented with the following scenario?

Was hinter der Frage steckt

Im Vorstellungsgespräch kommt es durchaus häufig vor, dass Bewerber mit einem hypothetischen Szenario konfrontiert werden. Es kann sein, dass Sie sich eine schwierige Situation vorstellen sollen und anschließend sagen müssen, wie Sie damit umgehen würden. Sie werden mit einer unerwarteten Situation konfrontiert und müssen schnell reagieren. Das sagt viel darüber aus, was Sie im Ernstfall tun würden.

Ihre Antwort

Ihre Antwort hängt logischerweise von dem Szenario ab, das Ihr Gesprächspartner entwirft. Sie müssen erkennen, was man unter den gegebenen Umständen von Ihnen erwarten würde, und überlegen, welche Kompetenzen in einer solchen Situation gefragt sind.

Die Beispielantwort weiter unten bezieht sich auf folgendes Szenario:
> *Sie arbeiten am Empfang eines Unternehmens. Plötzlich geht eine dringende Mail ein, diverse Telefone klingeln, ein wichtiger Kunde kommt herein und ein Bote taucht mit einem Päckchen auf, für das Sie unterschreiben müssen. Wie bewältigen Sie die Situation?*

In diesem Fall will Ihr Gesprächspartner vermutlich herausfinden, ob Sie imstande sind, Prioritäten zu setzen und brenzlige Situationen zu meistern ohne in Panik zu verfallen.

 My first priority would be to answer the calls whilst simultaneously presenting the waiting clients and the courier with a professional and friendly smile. The calls can be answered and either put straight through or put on hold, allowing me to deal with the client and then the courier thereafter. The people waiting in front of me are able to see just how busy I am, whereas those on the phone will simply feel ignored if their calls are not answered promptly and may hang up. Having successfully prioritised the calls and the visitors, I would then be able to respond to the email when there is more time.

13. Can you tell me about a major project you have successfully completed?

▶ Can you tell me about a major project that you have recently managed?

Was hinter der Frage steckt
Ihrem potenziellen Arbeitgeber geht es bei dieser Frage nicht um ein Erfolgsprojekt an sich. Er will vielmehr wissen, *wie* Sie so ein Projekt zum Abschluss gebracht haben. Er möchte Belege dafür, dass Sie ein Projekt erfolgreich durchziehen können, und er will herausfinden, inwiefern Ihre Kernkompetenzen dazu beitragen.

Ihre Antwort

Der Schwerpunkt liegt hier auf einem Projekt, das Sie mit Erfolg abgeschlossen haben. Die perfekte Gelegenheit für Sie, sich selbst zu loben. Nutzen Sie die Frage, um Ihre Kompetenzen und Fertigkeiten hervorzuheben, mit deren Hilfe Sie ein bestimmtes Projekt erfolgreich bewältigt haben. Achten Sie dabei darauf, ein Projekt zu wählen, das für die zu besetzende Stelle relevant ist. Stellen Sie Ihren Beitrag heraus: Welchen Anteil hatten Sie daran, dass das Projekt ein Erfolg wurde?

Wenn Ihr Gegenüber Sie nicht konkret nach einem Projekt fragt, für das Sie die alleinige Verantwortung trugen, können Sie davon ausgehen, dass Sie über ein Projekt berichten sollen, an dem Sie als Teil eines Teams arbeiteten, was für den Großteil aller Projekte gilt.

Am besten sprechen Sie über ein kürzlich abgeschlossenes Projekt. Wenn Sie zu weit zurückgehen, wundert sich Ihr Gesprächspartner vielleicht, weshalb Sie kein aktuelleres Beispiel nennen können.

I was recently involved in organising our participation at a trade fair. It was a major project. We'd never done a trade fair before, but we felt it could be a useful method of drumming up new business. It took a considerable amount of planning and organisation on my part; I had to assess everything that would need to be arranged in advance, from hiring the lighting set-up to liaising with our designers on the production of appropriate corporate literature for us to hand out. I had to make sure I didn't miss the smallest of details; for example, I had to check the plans of our stand to ensure our extension cables were long enough to reach all our equipment. on the day itself, we were on site very early to make sure everything was in place, tested and fully functioning prior to the arrival of the visitors just in case there were any last-minute hitches, which, thankfully, there weren't. The event was very successful and our stand attracted a lot of attention. It was a very busy day. We were able to pitch our services to hundreds of people and pass on their contact details for our sales team to follow up on. Following the success of this event, we're now looking at future events we can attend.

14. Can you tell me about a major problem at work that you've had to deal with?

▶ Can you tell me about a major project you were involved with that went wrong?

Was hinter der Frage steckt

Probleme sind in jedem Beruf unvermeidlich. Ihrem Gesprächspartner geht es nicht um ein Problem als solches, sondern darum, wie Sie damit umgingen, was Sie unternahmen und was dabei herauskam. Arbeitgeber wollen keine Probleme, sie wollen Lösungen und einen Mitarbeiterstab, der diese liefert. Ihr potenzieller Arbeitgeber möchte sicherstellen, dass Sie genau der Typ Arbeitnehmer sind, der hierzu in der Lage ist.

Ihre Antwort

Versuchen Sie, ein eher unkompliziertes, wenig kontroverses Beispiel zu bringen, also keines, bei dem Sie oder Ihre Kollegen im Mittelpunkt standen. Die besten Beispiele sind die, bei denen ein Problem durch Umstände verursacht wurde, auf die Ihr Unternehmen keinen Einfluss hatte. Wichtig ist, einen Fall zu schildern, bei dem Sie zum einen Ihre Problemlösungskompetenzen herausstellen können und zum anderen deutlich wird, inwiefern diese relevant für die freie Stelle sind.

The weather caused us major problems just a couple of months ago. There was very heavy overnight snowfall, and with all the buses cancelled and only a few trains running, only a few members of our admin team managed to get into work. There was nothing for it but to firefight; we didn't have enough staff to get everything done that would normally need to be done. I established what our main priorities were; what activities were most essential to the running of our department and made sure that we had those covered. I identified less important tasks that we could postpone for a few days until we had the full team back. I also spoke to all the missing team members to see if there were any other urgent priorities of which we, in the office, were unaware. We worked hard and fast right through lunch, and despite feeling that the phone was always ringing, we managed to keep everything running smoothly until things were back to normal.

TIPP

Diese Frage ist nicht identisch mit der Frage 11 aus diesem Kapitel (*siehe S. 48*), geben Sie also auch nicht dieselbe Antwort.

▶ What's the worst mistake you've made at work and how did you deal with it?

15. We have a problem with x. How would you resolve that?

▶ Can you tell me about a difficult problem that you resolved?
▶ Can you tell me about a major problem at work that you've had to deal with? *(siehe S. 52)*

Was hinter der Frage steckt

Auch diese Frage zielt unmittelbar auf Ihre Problemlösungskompetenzen ab, allerdings mit einem direkteren Bezug zu der zu besetzenden Stelle. Ihr potenzieller Arbeitgeber versucht herauszufinden, was Sie tatsächlich in das Unternehmen einbringen können. Er will wissen, ob Sie in der Lage sind, schnell zu reagieren – er weiß natürlich, dass Sie auf diese Frage keine Antwort vorbereitet haben können.

Ihre Antwort

„Problem x" kann so gut wie alles sein. Es könnte sich um ein hypothetisches Problem handeln, wahrscheinlich ist es aber eher ein reales Problem, mit dem sich Ihr eventueller Arbeitgeber gerade auseinandersetzt. Die Hauptschwierigkeit besteht also darin, dass es so gut wie unmöglich ist, sich darauf vorzubereiten. Hier ist Ihre Schlagfertigkeit gefragt.

Mein Rat: Antworten Sie nicht sofort, sondern versuchen Sie, etwas Zeit zu gewinnen. Stellen Sie Ihrem Gesprächspartner ruhig ein paar Fragen dazu, worum es geht und welche Gegebenheiten vorliegen. Das verschafft Ihnen zum einen mehr Einblick in die Sachlage und zum anderen wertvolle Bedenkzeit.

TIPP

Wenn man Ihnen die Alternativfrage stellt und Sie auffordert, etwas über ein schwieriges Problem zu erzählen, das Sie gelöst haben, haben Sie Glück gehabt. Denn dafür können Sie sich vorab ein perfektes Beispiel zurechtlegen *(siehe S. 52)*.

16. What do you do when you disagree with your line manager?

- ▶ What would you do if you disagreed with a decision taken by your line manager?
- ▶ Would you make your opinion known if you disagreed with a decision taken by a superior?

Was hinter der Frage steckt

Im ersten Moment könnte man meinen, dass Ihr potenzieller Arbeitgeber herausfinden will, ob Sie bereit sind, sich unterzuordnen. Das trifft aber nicht wirklich zu. Denn für ein Unternehmen ist es kein Vorteil, lauter Mitarbeiter zu haben, die nie eine eigene Meinung kundtun. Was Ihr Gesprächspartner tatsächlich wissen möchte: Wie signalisieren Sie, dass Sie anderer Meinung sind?

Ihre Antwort

Es hängt viel davon ab, womit genau Sie nicht einverstanden sind. Handelt es sich um eine Sachlage, die Sie einfach anders einschätzen? Oder geht es um eine wirklich gravierende Situation, die es möglicherweise erforderlich macht, dass Sie über den Kopf Ihres direkten Vorgesetzten hinweg handeln und die Angelegenheit mit dessen Vorgesetzten besprechen?

Über die zweite Situation zu sprechen, sollten Sie besser vermeiden. Bauen Sie Ihre Antwort auf dem Szenario einer Meinungsverschiedenheit auf, die nicht ganz so wichtig ist. Stellen Sie dabei insbesondere Ihre kommunikativen und zwischenmenschlichen Kompetenzen heraus, die Sie in diesem Fall nutzen konnten.

Inevitably there will be times when I disagree with my manager's point of view or with a decision she has taken or intends to take. In my current role, my manager welcomes input from her team, and whilst I appreciate that it isn't appropriate to openly disagree with her, I will query issues in private with her as necessary. There may be factors leading to her decision of which I am unaware. Alternatively, once we've both discussed our thoughts, we may simply agree to disagree. I have to respect that it remains her prerogative to make a decision whether I agree with it or not and I must support her in that course of action to the best of my ability.

17. How would you describe yourself as a manager?

▶ What is your management style?
▶ How do you manage people?

Was hinter der Frage steckt

Diese Frage wird Ihnen nur gestellt, wenn Sie sich für eine Position auf Managementebene bewerben. Man möchte herausfinden, wie erfolgreich Sie eine solche Position ausfüllen können. Ihr potenzieller Arbeitgeber möchte einfach nur wissen, wie Sie Mitarbeiterführung verstehen und wie Sie die tagtägliche Managementverantwortung handhaben. Man interessiert sich auch dafür, wie Sie sich selbst wahrnehmen; das verrät eine Menge über Sie als Mensch.

Ihre Antwort

Unabhängig davon, ob Sie bereits der perfekte Manager sind, versuchen Sie, diese Frage dahingehend zu interpretieren, wie Sie als Manager sein wollen. Denn darauf kommt es Ihrem Gegenüber an.

Bei einer Managementposition geht es um zwei wesentliche Aspekte:

- dass die Arbeit erledigt wird,
- dass man seine Mitarbeiter entsprechend führt.

Ihre Antwort muss beide Aspekte abdecken. Von Bedeutung ist, auf welche Art von Führungsposition Sie sich bewerben. Die diversen Arbeitgeber haben unterschiedliche Erwartungen, wie ihre Manager vorgehen und welche Leistungen sie erbringen sollen.

FAUX-PAS

Ein Bewerber, der vermutlich gut delegieren konnte, beantwortete diese Frage folgendermaßen: „Ich tue nichts, das nicht auch ein anderer für mich erledigen könnte!" Das kam im Vorstellungsgespräch nicht gut an.

I'm a very hands-on manager. Whilst I am clearly in charge of my team, we are nonetheless a team and I am a member of that team. When the circumstances require it, I will assert my authority and lead my staff in the direction I have determined we should go. However, I'm always open to ideas and suggestions and consider myself to be very approachable in that respect. I realise the importance of motivating my staff to deliver their best and I'm tactful and diplomatic when dealing with potential problems; I believe a lot more can be achieved through communication than through conflict. I am nevertheless very results-driven and expect every member of my team to pull their weight and help us to achieve our common goals

18. Can you give me an example of when you have successfully coached a member of your team?

▶ Have you ever been asked to help train a new member of staff?

Was hinter der Frage steckt

„So eine Frage wird doch nur Managern gestellt." Wenn Sie so denken, liegen Sie falsch. Diese Frage könnte jedem gestellt werden, der in einem Team arbeitet – und das tun fast alle. Die Fähigkeit, andere zu unterstützen, ist im Grunde in jedem Beruf gefragt. Was Sie hier als Beispiel anführen, sagt einiges über Sie.

Ihre Antwort

Sie müssen Ihre Antwort logisch strukturieren, damit Folgendes daraus hervorgeht: Welcher Sachverhalt lag vor? Weshalb musste eine bestimmte Person beraten werden? In welcher Form erfolgte das Coaching und vor allem, was kam dabei heraus?

Die Betreuung eines Teammitglieds ist ein Projekt wie alle anderen. Lassen Sie Ihre Erfahrungen Revue passieren und entscheiden Sie sich dann für ein Beispiel, aber bitte eines, bei dem Ihre Bemühungen Erfolg hatten. Egal, welches Beispiel Sie wählen: Entscheidend ist, dass Sie sich als „Held des Tages" verkaufen.

Wenn es Ihnen schwerfällt, ein Beispiel zu finden, dann ist es in der Regel die einfachste Lösung darüber zu sprechen, wie Sie einem neuen Mitarbeiter geholfen haben. „Coaching" ist ein sehr weit gefasster Begriff, die Einarbeitung eines neuen Kollegen fällt sicher auch darunter.

In my current job for a mail-order company, I work as part of a team, processing orders received and liaising directly with our customers by telephone to handle and resolve any problems or queries. Whilst administration forms the majority of the workload, there's also a lot of customer contact. Recently, my manager took the decision to hire a new team member who had a lot of very valuable customer-facing experience but not so much administrative experience. Whilst the new member of staff needed no help dealing with customers on the telephone, it was obvious from the start that she was struggling with the administrative side of things. As one of the most experienced members of the team, my manager asked if I could take this individual under my wing and help her to resolve the administrative difficulties she was having. Over a period of several days I took the time for her to initially shadow me in the work I was doing before moving on to let her do the work herself under my careful observation. She learned very quickly and within the week she was fully up to scratch and has since become an invaluable member of the team.

19. What is your customer service philosophy?

> ▶ Can you tell me about a difficult client/customer you've had and how you handled them?
> ▶ Can you give me an example of an occasion when you exceeded a client's / customer's expectations?

Was hinter der Frage steckt

Unternehmen bieten in der Regel ihren Kunden ein Produkt oder eine Dienstleistung an. Nicht nur wer Sandwiches verkauft, hat schließlich Kunden, sondern auch die Mitarbeiterin der Arbeitsagentur, die bei der Jobsuche hilft. Kundenbetreuung ist in vielen Berufen wichtig. Diese Frage soll ausloten, ob Sie ein Händchen dafür haben. Aber das ist nicht alles. Denn die Fähigkeiten, die nötig sind, um gut mit Kunden zurechtzukommen, tragen auch dazu bei, dass jemand konstruktiv mit Kollegen zusammenarbeitet.

Ihre Antwort

Unabhängig davon, wie Ihr Gesprächspartner seine Frage nun genau formuliert, sollte Ihre Antwort immer darauf abzielen, Ihre Kundenbetreuungskompetenz herauszustellen. Wenn Sie Ihre Antwort mit einem Beispiel illustrieren können, ist das umso besser. Zum Beispiel könnten Sie schildern, wie Sie erfolgreich mit der Beschwerde eines schwierigen Kunden umgegangen sind oder wie Sie die Erwartungen eines Kunden sogar noch übertroffen haben. Achten Sie darauf, dass Sie etwas Positives über sich berichten. Wenn Sie also beispielsweise über einen unzufriedenen Kunden sprechen, sollte nicht gerade eine Aktion Ihrerseits der Grund für seine Unzufriedenheit gewesen sein.

 I believe the customer is central to everything we do. Profits are certainly our ultimate goal, but without customer satisfaction, profits will suffer. I attach a lot of importance to customer service. A business is nothing without its customers and it's vital to recognise this. I believe I have strong customer service skills and working with the public is certainly something I enjoy. It's not always easy, of course. Recently, I had to deal with a particularly difficult client who was – fairly unreasonably, it has to be said – very dissatisfied with the solution our sales team had →

sold them. Rather than let the complaint escalate, I took the time to calmly and patiently listen to the customer and to demonstrate that I understood and empathised with their concerns. This alone took a lot of the wind out of their sails. I went on to give them my viewpoint, addressing their concerns one by one and explaining why I felt the solution they had been sold was the best one for them. It turned out that they had principally misunderstood what was being offered, and once realisation set in, they were actually quite apologetic.

20. How did you get your last job?

▶ How did you locate your last job?

Was hinter der Frage steckt

Diese scheinbar simple Frage ist sehr beliebt. Ihre Antwort liefert Ihrem potenziellen Arbeitgeber durchaus interessante Informationen darüber, wieviel Initiative in Ihnen steckt, wie entschlossen und beharrlich Sie sind, wie engagiert Sie sind und in welchem Maße Sie Ihre berufliche Laufbahn planen und steuern.

Ihre Antwort

Diese Frage lässt sich auf zweierlei Art und Weise interpretieren: Zunächst einmal wird gefragt, wie Sie an Ihre letzte Stelle gekommen sind (Personalvermittlung, Netzwerkkontakt, Initiativbewerbung, Headhunter usw.). Danach steht die Frage im Raum, wie Sie den Arbeitgeber davon überzeugen konnten, dass Sie die richtige Besetzung für diese Stelle sind. In Ihrer Antwort sollten Sie beide Aspekte aufgreifen. Dabei ist es wichtig, dass Sie sich als jemanden darstellen, der sein Schicksal selbst in die Hand nimmt und sich nicht einfach treiben lässt.

It was actually quite complicated. I was keen for a new challenge and had already started looking around when I saw in the local newspaper that they were opening a new branch in the area. I sent in a speculative application to the HR department at their head office and they wrote back to say that they would only be recruiting through their preferred recruitment agency. So I called them up immediately, and, having run through a few key points on my CV, managed to persuade them to interview me. The company also interviewed a spread of candidates from the recruitment agency but after a second and then a third interview with the marketing director, I was offered the job.

21. What does your current job involve on a day-to-day basis?

▶ Can you describe an average day in your job?

Was hinter der Frage steckt

Man hat Ihren Lebenslauf gelesen und weiß, was Ihre aktuelle Tätigkeit beinhaltet. Im Vorstellungsgespräch möchte man das nun direkt von Ihnen hören. Mehr steckt nicht hinter dieser Frage. Dennoch ist es nicht ganz einfach, hier richtig zu antworten.

Ihre Antwort

Wie gesagt, der Personalverantwortliche hat Ihren Lebenslauf gelesen, er weiß also in etwa, was Ihre derzeitige Tätigkeit umfasst. Machen Sie nicht den Fehler, einfach alles herunterzuspulen, was im Lebenslauf steht. Schließlich möchten Sie ja auf gar keinen Fall Ihren Gesprächspartner langweilen.

Konzentrieren Sie sich bei Ihrer Antwort auf wirklich Wichtiges. Gehen Sie also nicht zu sehr ins Detail, sondern sagen Sie, worum es bei Ihrer aktuellen Tätigkeit im Kern geht. Gehen Sie dabei auf die Bereiche ein, die für die ausgeschriebene Stelle am relevantesten sind.

My most important responsibility is to achieve sales. I spend most of
my day on the shop floor, talking directly to potential customers and
trying to establish their needs. I have a very thorough knowledge of
our product range, so if they're unsure of their decision I can give them
appropriate advice. I can also steer them towards other, perhaps more
expensive product lines that they haven't already considered. By build-
ing rapport with the customer and addressing any concerns they may
have, I have a good chance of closing the sale. I also aim to up-sell on
the till where possible, to maximise the value of each new customer.
Amongst other responsibilities I help to control stock levels and liaise
with head office accordingly to make sure we are neither overstocked
nor understocked. I am also involved in the financial management of the
branch, working alongside the branch manager to put together monthly
reports etc. Given my level of experience, I am also tasked with helping
to bring on board new members of staff, training them in our systems
and helping them to maximise their sales potential.

22. What contribution do you make to the department in which you work?

▶ How does your job relate to the overall goals of your department /
organisation?

Was hinter der Frage steckt

Ihr potenzieller Arbeitgeber möchte wissen, ob Sie verstanden haben, welche
Gesamtziele Ihr Team oder Ihre Abteilung hat und welche Rolle Sie dabei spielen. Das hat nicht unbedingt einen direkten Einfluss darauf, wie gut Sie Ihre
Arbeit machen, aber aus Sicht des Unternehmens ist es immer besser, wenn
ein Arbeitnehmer verstanden hat, wo sein Platz im System ist.

Ihre Antwort

Auch wenn nicht explizit danach gefragt wird, rate ich Ihnen, unbedingt
herauszustellen, welchen Beitrag Sie zu den Gesamtzielen Ihrer Abteilung
leisten. Sie müssen Ihren Wert beweisen. Ihr Gesprächspartner weiß, welche

Tätigkeit Sie ausführen, doch wie profitieren Ihre Kollegen und Ihr Arbeitgeber davon?

Manche arbeiten gar nicht in einer bestimmten Abteilung. Falls das auch auf Sie zutrifft, dann erläutern Sie einfach, welchen Beitrag Sie für andere Abteilungen leisten oder für das Unternehmen an sich – wie im folgenden Beispiel.

> Whilst I am technically part of the IT department, all my colleagues focus very much on keeping the company's computer infrastructure fully functional. As the company's only web developer, I work very much on my own in managing and enhancing the website. I do liaise closely with other departments, though, most particularly marketing and HR. As the website is primarily used as a marketing vehicle and as a way to source new employees, my work is of significant importance to both of these departments. The systems I put in place to collect potential sales leads online make a major contribution to the results of the sales team; these days more and more of our new business comes via the website. And by identifying ways to attract potential new employees online, I have contributed to a reduction in the amount we spend on recruitment consultants, again resulting in a direct impact on the company's bottom line.

23. What changes have you made to your current job role since you started?

▶ How have you changed the job you've been doing?

Was hinter der Frage steckt

Berufliche Aufgaben verändern sich im Laufe der Zeit mehr oder weniger. Was sich genau an Ihrer Tätigkeit geändert hat, seit sie diese aufgenommen haben, interessiert Ihren Gesprächspartner an dieser Stelle nicht so sehr; es geht ihm darum, inwieweit Sie dies bewirkt haben. Er möchte Beweise dafür, dass Sie Initiative, Antrieb und Begeisterung zeigen. Gute Arbeitnehmer versuchen stets, Verbesserungen einzuführen, die Dinge zum Besseren zu ändern. Es ist leicht für einen Arbeitnehmer, sich zurückzulehnen und die Dinge einfach so hinzunehmen; aber das ist nicht die Sorte Arbeitnehmer, die dazu beiträgt, dass es mit einem Unternehmen vorwärtsgeht.

Ihre Antwort

Ihr Gesprächspartner wird diese Frage wahrscheinlich nur stellen, wenn er davon ausgehen kann, dass Sie an Ihrem derzeitigen Funktionsbereich aktiv etwas verändert haben. Bei vielen Tätigkeiten ist der Spielraum für Änderungen begrenzt, sodass Ihr Gegenüber vermutlich nichts Großartiges erwartet. Wenn Sie eine konkrete Verbesserung eingeführt haben, wäre das ein ausgezeichnetes Beispiel. Andernfalls sollte es ausreichen, wenn Sie zusätzliche Aufgaben und Zuständigkeiten erläutern, die ursprünglich nicht zu Ihrer Stellenbeschreibung gehört haben.

 TIPP

Vorsicht: Bei dieser Frage kann es sehr gut sein, dass Ihr Gesprächspartner Ihre Aussagen nachprüfen wird. Absolute Ehrlichkeit ist daher essenziell.

 When I first took over the role, I noticed that my predecessor (who was in the job for many years) had been using a number of rather outdated and laborious systems to help them manage the allocation of work to our subcontractors. This was clearly wasting a significant amount of time – and time is money. I, therefore, consulted with my manager and outlined a proposal to scrap these various manual systems and replace them with a single system running on software I had become adept at using in my previous role. Given the low cost of the software and the obvious advantages of my proposal, my manager agreed to the plan. Having spent a couple of weeks setting up the new system, I, consequently, reduced my workload substantially and I was able to use this spare time to help my manager with his financial reporting. This gave me useful additional experience and also freed up my manager to spend more time on other issues.

 TIPP

Diese Frage wird leicht missverstanden. Wenn man Sie fragt: „*What changes have you made **to** your current role?*" erwartet man eine andere Antwort (siehe oben) wie wenn man Sie fragt: „*What changes have you made **in** your current job?*". Dann interessiert man sich für Ihre Leistungen, z. B., dass Sie ein neues System eingeführt, Personal abgebaut oder die Produktivität erhöht haben.

24. What have you learned in your last job?

▶ What have you learned in each of your previous roles?

Was hinter der Frage steckt

Ihr potenzieller Arbeitgeber könnte diese Frage auch folgendermaßen formulieren: „Was haben Sie in der Position X gelernt, das auch für die ausgeschriebene Stelle von Nutzen ist?" Darauf zielt er nämlich ab. Ihr Gegenüber fragt Sie hier nicht nach Ihren Aufgabengebieten, Zuständigkeiten oder Leistungen, sondern danach, was Sie in Ihrem letzten Job (oder einer früheren Tätigkeit, die Ihr Gegenüber aus Ihrem Lebenslauf kennt) gelernt haben.

Ihre Antwort

Ganz entscheidend ist, dass Ihre Antwort mindestens ein Beispiel enthält, das einen Bezug zur ausgeschriebenen Position hat. Es bringt nichts, etwas zu schildern, das keine direkte Bedeutung für Ihren potenziellen nächsten Arbeitgeber hat.

In Ihren bisherigen Positionen werden Sie sich Kenntnisse angeeignet haben, die Sie für die zu besetzende Stelle qualifizieren. Überlegen Sie, welche davon für Ihr Gegenüber am interessantesten sind. Welche Hauptanforderungen werden an den neuen Mitarbeiter gestellt? Und welche Ihrer Erfahrungen beweisen, dass Sie diesen gewachsen sind? Führen Sie mindestens ein Beispiel an, wenn nicht sogar zwei oder drei, und überzeugen Sie damit!

Einen direkten Bezug zur ausgeschriebenen Stelle müssen Sie dabei nicht herstellen. Was das eine mit dem anderen zu tun hat, sollte sich von selbst verstehen. Schließlich soll Ihr Gesprächspartner nicht den Eindruck gewinnen, dass Sie nur erzählen, was er hören möchte.

My last job was an excellent learning opportunity and I developed my skills and experience in numerous different ways. Whilst I already had strong IT skills, I didn't have any previous experience of Microsoft Access. When my employer introduced a new order management system which used Access they gave me the opportunity to undertake additional training to be able to work effectively with this. I was then able to put this training into practice on a day-to-day basis and I am now extremely adept at using the package. I also learned a great deal about handling customers. My previous roles were not customer-facing so it was great to have the chance to develop this area of my experience.

25. Can you tell me about your last appraisal?

▶ How was your performance rated in your last appraisal? How would you comment on your last appraisal?

▶ What areas for improvement were identified at your last appraisal?

Was hinter der Frage steckt

Beurteilungen sollten sowohl Ihre Stärken als auch Ihre Schwächen enthalten, sowohl Ihre Leistungen als auch Ihre Fehlschläge. Ihr Gesprächspartner wird durchaus wissen, dass es in Beurteilungen nicht unbedingt darum geht, Ihnen auf die Schulter zu klopfen, sondern auch darum, was Sie noch besser machen können. Diese Frage kann ein Trick sein, um aus Ihnen herauszukitzeln, wo bei Ihnen noch Luft nach oben ist.

Ihre Antwort

Seien Sie vorsichtig. Zunächst einmal ist es wichtig, hier ganz aufrichtig zu sein. Ihr Gesprächspartner kann Ihre Angaben leicht nachprüfen, indem er Ihre Referenzen aufgreift *(zum Thema Referenzen siehe S. 95)*. Und wenn Sie sich intern bewerben, können Sie mehr oder weniger davon ausgehen, dass Ihre letzte Beurteilung bereits überprüft wurde.

Eine Antwort auf diese Frage zu finden, ist nicht schwer. Konzentrieren Sie sich auf die positiven Aussagen in Ihrer letzten Beurteilung. Auf weniger Positives gehen Sie gegebenenfalls nur kurz ein (dabei können Sie einfach betonen, dass es sich um Sachverhalte handelt, mit denen Sie gerade erst konfrontiert wurden). Sie müssen Ihre letzte Beurteilung nicht bis ins Detail erläutern. Mein Rat: Erwähnen Sie mehrere positive Aspekte, aber nur eine Schwäche. Wenn Sie dieser Schwäche einen positiven Anstrich geben können, umso besser.

Wenn es bei Ihrem Arbeitgeber kein förmliches Beurteilungssystem gibt, vereinfacht das Ihre Antwort. In diesem Fall können Sie sagen, dass es kein förmliches Beurteilungssystem gibt, Sie aber sowohl von Ihrem Vorgesetzten, als auch von Ihren Kollegen regelmäßig ein positives Feedback zu Ihren Leistungen erhalten haben.

> My last appraisal was very positive. My manager felt that I had made excellent progress in many areas and had really mastered the intricacies of the project we were working on. He did say that he felt other members of the team had become too dependent on me and that a lot of my time was being taken up in showing them how to tackle difficult or unusual issues. Whilst he perceived this as an area for improvement, I perceived this as further evidence that the time is now right for me to take a step up to a management-level position, hence my applying for this role with yourselves.

26. How would you describe your current boss?

▶ What do you think of your current boss?
▶ What kind of a relationship do you have with your current boss?

Was hinter der Frage steckt

Vielleicht ist Ihr Gesprächspartner einfach nur neugierig und möchte etwas über Ihren momentanen Vorgesetzten wissen. Aber verlassen Sie sich nicht darauf! Viel wahrscheinlicher ist, dass er wissen will, wie Sie Autorität definieren und vor allem, wie Sie damit umgehen. Diese Frage wirkt harmlos, hat es aber ganz schön in sich: Wenn Ihr Gesprächspartner feststellt, dass Sie Autoritätsprobleme haben, dann ist das ein dicker Minuspunkt für Ihre Bewerbung!

Ihre Antwort

Auch wenn Sie keine gute Meinung von Ihrem Vorgesetzten haben, bringt es nichts, ihn niederzumachen. Statistisch gesehen stehen Probleme mit dem

Vorgesetzten bei den Gründen für einen Stellenwechsel an erster Stelle. Trotzdem empfehle ich Ihnen, eine halbwegs schmeichelhafte Beschreibung zu liefern und Ihre Arbeitsbeziehung positiv darzustellen.

> I'm fortunate to have a pretty positive working relationship with my boss. She gives me a high degree of latitude to get on with my job, whilst always being there to help me with any unusual or difficult situations; to lend me the benefit of her experience. Like many managers, she's often very busy but she does a good job of closely supervising her team, steering us in the right direction and helping us to achieve the results that are expected of us. I know she appreciates the work I do and this obviously helps to motivate me and encourage me to strive to achieve my very best.

TIPP

Verwechseln Sie diese Frage bitte nicht mit der durchaus schwierigen Frage nach den Schwächen Ihres Vorgesetzten (*siehe S. 109*).

▶ What are your current boss's weaknesses?

27. Why did you leave that job?

▶ Have you ever been made redundant and, if so, why?

▶ Have you ever been fired?

Was hinter der Frage steckt

Hier geht es nicht um Ihre aktuellen Beweggründe für einen Stellenwechsel, die Frage reicht weiter in die Vergangenheit zurück. Ihrem Gesprächspartner könnte es bei dieser Frage darum gehen, eventuelle Leichen im Keller (z. B. Entlassungen) aufzuspüren.

TIPP

Viele Ratschläge zum Thema „Stellenwechsel", die wir im vorhergehenden Kapitel behandelt haben, gelten hier genauso (*siehe S. 22*).

▶ Why do you wish to leave your current position?

Ihre Antwort

Ich möchte an dieser Stelle noch auf zwei Spezialfälle eingehen, auf zwei eher negative Gründe für einen Stellenwechsel:

- Ihre Stelle wurde abgebaut.
- Sie wurden gefeuert / entlassen.

Bitte verstehen Sie mich nicht falsch. Ich möchte niemandem zu nahe treten, dessen Stelle abgebaut wurde. Es ist mir völlig klar, dass ein Stellenabbau hart ist und dass es dabei oft nicht sehr gerecht zugeht, hier fühle ich absolut mit. Wenn ich dies als negativen Grund für einen Stellenwechsel nenne, geht es mir nicht darum, jemandem die Schuld am Abbau seiner Stelle zuzuweisen. Leider könnte dieser Umstand aber von einem zukünftigen Arbeitgeber negativ aufgefasst werden. Mit diesem Problem müssen Sie umgehen können.

Es tut weh, wenn die eigene Stelle abgebaut wird, daran besteht kein Zweifel. Ihre Bitterkeit und Ihren Ärger darüber müssen Sie zurückstellen und stattdessen dem Gesprächspartner in etwa Folgendes vermitteln: „So ist halt das Leben, solche Dinge passieren." Es war nicht Ihr Fehler – die Stelle wurde abgebaut, das hat erstmal nichts mit Ihnen persönlich zu tun. Sie sollten auf keinen Fall Kritik am Arbeitgeber üben, der Sie entlassen hat. Statt sich über die negativen Aspekte auszulassen, sollten Sie etwaige positive Folgen hervorheben, z. B., dass sich dadurch die Gelegenheit geboten hat, an einer Qualifizierungsmaßnahme teilzunehmen, oder auch die Chance, sich um eine neue, bessere Stelle zu bemühen.

> Unfortunately, a major client that my department was responsible for supplying, decided to withdraw completely from the UK and close all their branches. It appears they had overreached themselves in deciding to expand beyond the USA. Almost everyone in my department was subsequently made redundant. However, with hindsight, it all worked out very well in the end because I was able to secure a new and more senior position within just a couple of months.

Sollten Sie tatsächlich gekündigt worden sein, ist der Umgang damit problematisch, dann ist es schwer, das positiv darzustellen. Ich möchte Ihnen hier zwei Ratschläge mit auf den Weg geben: Erstens müssen Sie ehrlich sein, weil Ihr künftiger Arbeitgeber Ihre Angaben leicht nachprüfen kann. Zweitens müssen

Sie die Umstände so ruhig und leidenschaftslos wie möglich ansprechen, die Verantwortung für die Ursachen Ihrer Entlassung übernehmen und vor allem Ihren potenziellen Arbeitgeber davon überzeugen, dass Sie sehr viel aus dieser Erfahrung gelernt haben und dass so etwas nie wieder passieren wird.

TIPP

Für eine Kündigung gibt es diverse Ausdrücke („entlassen", „gefeuert" usw.). Vermeiden Sie solche Vokabeln besser und sagen Sie schlicht, Ihnen wurde gekündigt!

I was only in that job for a couple of months and I unfortunately left it sooner than I would have liked to. I had an initial probationary period of three months, and during that time I, regrettably, had an argument with a customer. I felt they were being extremely unreasonable, and rather than pacifying them, I let the situation escalate. It turned out that they were a long-standing customer and they used their influence to insist that my manager dismiss me. I was young and inexperienced and I learnt a great deal from it. I would certainly never now argue with a customer; I know that there are much better ways to resolve such a situation.

28. Which of your jobs was the best?

▶ What's the best job you have ever had?
▶ Can you describe the best job you have ever had? How would you define your dream job?
▶ In which job were you the happiest/most fulfilled?

Was hinter der Frage steckt

Hier könnte es sich um eine Art Fangfrage handeln. Interessiert es Ihren Gesprächspartner wirklich, welche Ihrer Stellen Ihre Lieblingsstelle war? Oder will er eher wissen, wie Sie sich die perfekte Stelle vorstellen und inwiefern dies zur freien Stelle passt? Wahrscheinlich trifft Letzteres zu: Wenn man weiß, was Ihnen in der Vergangenheit am meisten gefallen hat, lässt sich einschätzen, ob Ihnen die künftige Stelle zusagen würde.

Ihre Antwort

Gehen Sie in Ihrer Antwort auf eine Stelle ein, die sich nicht sehr von der unterscheidet, um die Sie sich bewerben. Bei der anschließenden Begründung, weshalb Ihre Wahl auf diese Stelle gefallen ist, sollten Sie den Schwerpunkt auf die Ähnlichkeiten zwischen den beiden Positionen legen, auf subtile Art natürlich.

> I have tried to plan my career path carefully, only changing jobs when the right role has presented itself. However, I would say my best-ever job was my role with Elisabeth Elkins Catering. I was given a considerable degree of autonomy to conceive, plan and implement our marketing strategy. I had a highly productive working relationship with the managing director and the outcome was very successful; our sales more than tripled by the end of my two years.

TIPP

Nennen Sie möglichst nicht Ihre aktuelle Stelle, sonst stellen sich folgende Fragen:

▶ Wenn die Stelle wirklich so toll ist, weshalb möchten Sie dann gehen?

▶ Wenn man sich für Sie entscheidet, besteht dann die Gefahr, dass Sie es später vielleicht bereuen, Ihre alte Stelle aufgegeben zu haben?

29. Why is there a gap in your CV?

▶ What did you do during this gap in your employment?

▶ Can you tell me more about this break in your career history?

Was hinter der Frage steckt

Hier wird nach zwei Dingen gefragt:

- Ihr Gesprächspartner möchte wissen, weshalb in Ihrem Lebenslauf eine Lücke ist bzw. warum Sie eine Zeit lang in keinem Beschäftigungsverhältnis standen.

- Zudem möchte Ihr Gegenüber wissen, was Sie in diesem Zeitraum gemacht haben.

Ihre Antwort

Bei den meisten Menschen gibt es ein oder zwei Lücken im beruflichen Werdegang. Das ist nichts Ungewöhnliches, man braucht sich deswegen normalerweise keine Sorgen zu machen. Es gibt allerdings nur eine Erklärung, die ein Arbeitgeber gerne sieht:

- Fort- oder Weiterbildung

Weitere gängige Gründe sind:

- Elternzeit
- Pflege eines Angehörigen
- Reisen

Gründe mit negativer Wirkung sind:

- Arbeitslosigkeit
- Krankheit

TIPP

Wenn kein negativer Grund für eine Lücke in Ihrem Lebenslauf vorliegt, sollte da keine Lücke sein, sondern ein situationsspezifischer Vermerk. Damit verhindern Sie, dass man Sie fragt: *„Why is there a gap in your CV?"* Stattdessen wird man Ihnen die konstruktivere Frage stellen: *„Can you tell me more about this break in your career history?"*

Fort- oder Weiterbildung

Eine Fort- oder Weiterbildung werden Sie in Ihrem Lebenslauf aufgenommen haben, möglicherweise hat Ihr Gesprächspartner dies einfach überlesen. Sie sollten ihn in so einem Fall höflich auf Ihre Fort- oder Weiterbildung aufmerksam machen. Erläutern Sie, weshalb Sie sich dafür entschieden haben und inwiefern das Ihre Bewerbung aufwertet.

Elternzeit / Pflege eines Angehörigen

Wenn Sie sich eine Auszeit genommen haben, um ein Familienmitglied oder einen engen Freund zu pflegen, dann ist das in erster Linie Ihre Privatangelegenheit und wird von Ihrem Gegenüber hoffentlich wohlwollend zur Kenntnis genommen. Ihr Gesprächspartner wird wahrscheinlich nicht weiter nachbohren, wenn Sie auf die Situation und die Umstände kurz in Ihrem Lebenslauf eingegangen sind. Dasselbe gilt für eine Auszeit wegen der Erziehung eines oder mehrerer Kinder.

Reisen

Ein Reise-Sabbatical wird von Arbeitgebern oft positiv eingestuft. Viele betrachten die daraus resultierenden Erfahrungen wie kulturelles Bewusstsein und Eigenständigkeit als Mehrwert für das Unternehmen. Und: Wenn Sie sich bereits eine Auszeit genommen haben um zu reisen, ist die Wahrscheinlichkeit geringer, dass Sie plötzlich verschwinden, um durch die Welt zu gondeln, nachdem man Sie eben erst eingearbeitet hat. Diese Sorge ist bei Arbeitgebern verbreitet, vor allem wenn es um jüngere Angestellte geht. Wenn bei diesem Thema nachgefragt wird, sollten Sie betonen, dass Sie „das tun mussten", dass das etwas war, das Sie unbedingt machen wollten und das Thema jetzt nicht mehr auf der Agenda steht. Unter Umständen können Sie hier zeitlich befristete oder Teilzeit-Jobs im Ausland erwähnen, sofern das für Ihren potenziellen Arbeitgeber ein Argument sein könnte, Sie einzustellen.

Arbeitslosigkeit

Die Suche nach einer passenden Stelle ist definitiv der häufigste Grund für eine Lücke im Lebenslauf. Das Problem dabei ist: Wenn Sie Ihrem potenziellen Arbeitgeber erzählen, dass Sie sich vergeblich um Arbeit bemüht haben, wird er sich Sorgen machen. Ihre Antwort sollten Sie sich daher gut zurechtlegen. Nicht immer ist eben die passende Stelle zum richtigen Zeitpunkt verfügbar.

 TIPP

Weitere Ratschläge zum Thema Arbeitslosigkeit finden Sie im Kapitel zu heiklen Fragen.

▶ You've been out of work for a while. Has it been difficult finding a job?
(siehe S. 112)

Krankheit

Auch eine schwere Krankheit oder ein größerer Unfall können zu Fehlzeiten führen. Wenn das bei Ihnen der Fall war: Ihr potenzieller Arbeitgeber sollte wissen, dass so etwas einfach passieren kann.

TIPP

Weitere Ratschläge zum Thema Gesundheit finden Sie bei dieser Frage:

▶ What's your sickness record like? *(siehe S. 113)*

30. What do you know about us as an organisation?

▶ What is your impression of our organisation?
▶ Why do you want to work for this organisation? *(siehe S. 25)*

Was hinter der Frage steckt

Ihr Gesprächspartner will testen, ob Sie wirklich verstehen, was sein Unternehmen / seine Organisation tut und ob Sie eine realistische Vorstellung davon haben, wie Ihre potenzielle Tätigkeit aussieht. Man ist hier nicht auf Lobhudelei aus, hört aber doch gerne, dass Ihnen das Unternehmen positiv aufgefallen ist. Ihr Gegenüber will einfach wissen, weshalb Sie dort arbeiten möchten.

Ihre Antwort

Sagen Sie Ihrem Gegenüber, was Sie über das Unternehmen wissen, und nennen Sie Ihre Quelle, z.B. die Homepage des Unternehmens oder einen Zeitungsartikel. Gehen Sie aber nicht zu sehr ins Detail und achten Sie unbedingt auf eine positive Darstellungsweise! Lassen Sie möglichst einfließen, dass Sie sich für sehr geeignet halten, in einem solchen Unternehmen zu arbeiten. Erwähnen Sie auf keinen Fall etwas Negatives (z.B. kritische Berichterstattung in der Presse)!

I've done some research into your organisation to ensure that I fully understand what kind of organisation I would be working for. I read on your website that your sales levels have grown at an average of 25 per cent year on year for the past five years and that you are now working on your expansion into the United States. You're clearly a very progressive organisation and that's exactly what I'm looking for. I want to work for an organisation which doesn't stand still, which is expanding and taking on new and interesting challenges. I've also read a lot of customer comments on various third-party websites and the quality of your service is very impressive.

TIPP

Bei dieser Frage liegt der Schwerpunkt darauf, was Sie über das Unternehmen wissen und was Sie an der neuen Tätigkeit reizt.

31. What do you know about our products / services?

▶ Have you ever bought our products / used our services?

Was hinter der Frage steckt

Ihr Gesprächspartner testet auch hier wieder, wie interessiert Sie an der freien Stelle sind und misst dies an Ihrem Zeitaufwand für Ihre Recherchen über das Unternehmen. Manche Positionen erfordern größere Produkt- / Dienstleistungskenntnisse als andere. Wenn Sie sich für eine Position bewerben, bei der solche Kenntnisse unabdingbar sind, beispielsweise im Verkauf, dann hat diese Frage noch eine andere Dimension: Wie kann jemand Produkte / Dienstleistungen verkaufen, mit denen er sich nicht auskennt?

Ihre Antwort

Wenn Sie sich gründlich auf das Vorstellungsgespräch vorbereitet haben, kennen Sie sich gut genug mit den Produkten / Dienstleistungen des Unternehmens aus. Wie wichtig das ist, hängt von Ihrer spezifischen Tätigkeit ab. Sie sollten hier nicht nur Fakten präsentieren, sondern auch vorsichtige Kritik anbringen; diese sollte allerdings konstruktiv sein. Machen Sie Verbesserungsvorschläge, idealerweise dort, wo Sie diese selbst umsetzen könnten. Damit können Sie sehr wahrscheinlich bei Ihrem potenziellen Arbeitgeber punkten und sich in ein gutes Licht rücken. Denn wirklich gute Arbeitnehmer geben sich selten mit dem Status Quo zufrieden, sondern streben stets nach Verbesserungen.

I've actually got one of your posters framed on the wall at home. I was already familiar with the range you offer, and since seeing this vacancy advertised, I have had a closer and more detailed look. I'm impressed by what I've seen. They're printed to a high degree of quality, something which isn't always the case with posters produced by other companies, and yet they remain very reasonably priced. Whilst you certainly have many interesting and commercially appealing designs, I do feel that some parts of the range are becoming a little dated. I would certainly welcome the challenge not only of revamping existing designs within the range but also of further developing the range in new and interesting directions.

32. What do you think are our organisation's greatest strengths, weaknesses, opportunities and threats?

▶ What do you think is the greatest advantage we have over the competition?

Was hinter der Frage steckt

Ihr Gesprächspartner stellt hier Ihr Wissen über das Unternehmen und die allgemeine Marktsituation auf den Prüfstand. Zudem interessiert ihn, wie Sie mit der komplexen vierteiligen Frage nach Stärken, Schwächen, Chancen und Risiken zurechtkommen. Der Umgang mit Fragen, die drei oder mehr Aspekte beinhalten, gilt oft als Basisindikator für Intelligenz. Es zeigt sich, wie gut es dem Gehirn gelingt, mehrere Gedankengänge gleichzeitig zu verarbeiten. Also keine einfache Frage, insbesondere, wenn Sie sowieso schon unter Druck stehen.

Ihre Antwort

Keine Sorge! So knifflig die Frage auch sein mag, wenn Sie sich darauf vorbereitet haben (was Sie nach der Lektüre dieses Buches hoffentlich getan haben werden), geht es letztlich nur darum, Ruhe zu bewahren, die Frage in ihre einzelnen Bestandteile aufzugliedern und diese nacheinander anzusprechen. Sie sollten ausführlich auf die Stärken und Chancen eingehen und sich bei den Schwächen und Risiken etwas mehr zurückzuhalten. Es handelt sich um eine komplexe Frage, auf die Sie möglichst knapp und präzise antworten sollten.

Wie bei anderen Fragen, die potenziell negative Aspekte beinhalten, sollten Sie versuchen, die Sachlage positiv darzustellen. Wenn Sie in der Position, für die Sie sich beworben haben, gegen die genannten Schwächen und Risiken vorgehen könnten, dann sollten Sie das natürlich unbedingt sagen!

> I think your greatest strengths are your market-leading position and the customer service philosophy which has resulted in this. Every business has its weakness and I think we'd agree that your greatest weakness is the lack of a comprehensive marketing strategy. As we've already discussed, you focus on a few key marketing avenues and are leaving a lot of money on the table in certain other areas. I firmly believe this is something I can help you with and that the development of a broad and consistent marketing strategy is consequently also your greatest opportunity. I also reckon that expanding internationally represents another major opportunity. As for threats, the greatest threat is quite simply the competition. It's vitally important for you to continue to stay one step ahead of them.

33. What do you know about the vacancy for which you are applying?

▶ Why have you applied for this vacancy? *(siehe S. 21)*
▶ What appeals to you most about this vacancy? *(siehe S. 79)*

Was hinter der Frage steckt

Ihr Gesprächspartner möchte überprüfen, ob Ihnen in vollem Umfang bewusst ist, für welche Position Sie sich bewerben und was auf Sie zukommt, wenn Sie den Zuschlag erhalten. Wenn Sie dazu nicht schon gefragt wurden, versucht man hier auch herauszufinden, warum Sie sich um die freie Stelle beworben haben und was Ihnen daran attraktiv erscheint.

Ihre Antwort

Der Stellenbeschreibung oder dem Anforderungsprofil werden Sie zumindest gewisse Kenntnisse über die Position entnommen haben, sonst würden Sie gar nicht im Vorstellungsgespräch sitzen. Sie müssen Ihrem Gegenüber deutlich machen, dass Ihnen absolut klar ist, was die Position beinhaltet.

 I've carefully studied both the job description and the person specification so I believe I'm fully aware of the precise duties and responsibilities the role entails. You've also helped to clarify a few points during the course of this interview.

 TIPP

Im Idealfall kommen Sie hier sogar der nächsten Frage zuvor und beantworten diese gleich mit.

> ▶ How do your skills and experience match the job description / person specification?

34. How do your skills and experience match the job description / person specification?

> ▶ Do you feel your skills and experience match the job description / person specification?
> ▶ Do you feel that you have the skills and experience necessary to undertake this job?

Was hinter der Frage steckt

Bisweilen fragt man Sie einfach ganz direkt – beispielsweise, inwiefern Sie der Stellenbeschreibung / dem Anforderungsprofil entsprechen. Damit wird nicht nur geprüft, in welchem Maße Ihre Kompetenzen und Erfahrungen zu den Wünschen des Unternehmens passen, sondern auch wie Sie persönlich die freie Stelle einschätzen.

Ihre Antwort

Natürlich können Sie nicht einfach nur antworten: „In jeder Hinsicht!" Ihr Gegenüber erwartet von Ihnen, dass Sie genau erläutern, inwiefern Ihre Kompetenzen und Erfahrungen zu der Stellenbeschreibung / dem Anforderungspro-fil passen. Das müssen Sie bei Ihrer Antwort unbedingt beachten!

Arbeitsplatzbeschreibungen und Anforderungsprofile sind oft sehr aus-führlich und umfangreich. Sie sollten nicht zu detailliert antworten – nicht zuletzt, weil das recht ermüdend sein kann. Am besten suchen Sie sich einige Aspekte heraus und erläutern diese jeweils kurz. Dabei sollten Sie sich natür-lich auf die Anforderungen Ihres künftigen Arbeitgebers beziehen. Darüber müssen Sie vor dem Vorstellungsgespräch nachdenken und entscheiden, wel-che Ihrer Kompetenzen und Erfahrungen Ihren Gesprächspartner vermutlich am meisten interessieren.

I believe my skills and experience is a very good match for the person specification. You're looking for someone with a significant amount of high-level experience in the retail clothing sector. I now have 25 years' experience within this sector, most recently as general manager of a flagship central London store. You need someone with considerable skill in financial management, able to build turnover, and, most importantly, to build turnover profitably. In my current role my branch now has an annual turnover of £5 million – 40 per cent higher than when I took over the role three years ago. our profit margin has also grown from 10 per cent to 15 per cent, meaning that profits have more than doubled in just the last three years. The role demands an individual who is adept at ma-naging and leading a large team; I'm currently responsible for 65 retail staff. The role also requires an individual who is able to build profitable long-term relationships with key high-value clients. Successfully catering to the needs of VIP clients is essential to my current role and certainly an aspect that I very much enjoy. Overall, I feel I'm a very good match for the job but would of course be delighted to discuss any particular points in greater detail if you wish.

TIPP

Diese Beispielantwort hat jemand gegeben, der sich um eine Führungsposition beworben hat. Die Grundprinzipien lassen sich aber leicht auf Ihre spezielle Situation übertragen. Vergessen Sie nicht: Meine Beispiele dienen in erster Linie der Illustration. Entscheidend ist, dass Sie selbst nachdenken und Ihre eigenen Antworten finden.

35. What appeals to you most about this vacancy?

> ▶ What are you most looking forward to in this job?
> ▶ What is it that you are looking for in a new job?
> ▶ Why have you applied for this vacancy?

Was hinter der Frage steckt

Ihr Gesprächspartner weiß, dass Sie mehrere Faktoren an der freien Stelle reizen. Nun möchte er herausfinden, was Ihnen am allerwichtigsten ist. Damit geben Sie nicht nur Aufschluss über sich als Arbeitnehmer, sondern auch über sich als Mensch.

Ihre Antwort

Auf diese Frage gibt es durchaus eine richtige und eine falsche Antwort.

Falsch wäre es, alles nur vom eigenen Standpunkt aus zu sehen und den Aspekt an der freien Stelle zu nennen, der in erster Linie Ihren eigenen Bedürfnissen entgegenkommt.

Richtig dagegen ist, einen Aspekt zu thematisieren, bei dem auch die Bedürfnisse des Unternehmens zur Sprache kommen. Ihren potenziellen Arbeitgeber interessiert mehr, wie Sie seine Bedürfnisse erfüllen können als umgekehrt.

I'm particularly taken by the importance you place on customer service. In too many organisations customer service is very much a secondary priority, whereas you place the customer at the centre of everything you do. As a customer service manager, I am naturally very committed to excellence in customer service, and I am very keen to work with an organisation that attaches the same importance to customer service that I do. A business is nothing without its customers; it's vital to recognise this and your reputation for customer service is enviable. It sets you apart from the competition.

36. Why have you chosen this line of work?

▶ What took you into this line of work?
▶ What do you like best about this line of work?

Was hinter der Frage steckt

Ihr Gesprächspartner fragt Sie hier nach Ihrer Berufswahl. Er möchte feststellen, ob es die richtige Wahl für Sie war und wenn ja, warum. Auch bei dieser Antwort – wie bei den meisten anderen Antworten – müssen Sie sich auf die Stelle beziehen, um die Sie sich bewerben.

Ihre Antwort

Ich gehe mal davon aus, dass Sie Ihr Gegenüber bereits weitgehend davon überzeugt haben, dass Sie diese Stelle haben möchten. Nun müssen Sie ihm noch klarmachen, dass Ihr Beruf tatsächlich der Richtige für Sie ist und inwiefern Sie sich bestens dafür eignen.

Sie müssen unbedingt Begeisterung – oder noch besser Leidenschaft – für Ihre Arbeit zeigen. Vor allem müssen Sie sich für Ihren Beruf interessieren und plausible Gründe dafür nennen können, weshalb Sie Ihre spezifische berufliche Laufbahn eingeschlagen haben. Auf keinen Fall sollten Sie den Eindruck erwecken, dass Ihre Berufswahl nur Zufall war.

 TIPP

Versuchen Sie, konkrete Beispiele für Ihre maßgeblichen Kompetenzen und Fertigkeiten in Ihre Erläuterungen einzustreuen.

 Both my parents are accountants, so I grew up listening to them talking about their work and I was always very interested in their working lives. Whilst I considered a range of other options, I've always had a particular talent for mathematics, and accountancy was evidently the best choice. I enjoy working with figures; I enjoy applying my mathematical abilities to real-world problems. I also enjoy working with others and I find it very rewarding to get to grips with a client's precise circumstances and to then help them to find the best solutions to the financial problems they are facing. Accountancy was without doubt the right choice for me.

37. Are there any other organisations to which you are applying?

▶ What other organisations are you applying to?
▶ What other jobs have you applied for?
▶ Have you had any other interviews yet?
▶ Have you received any job offers yet?

Was hinter der Frage steckt

Bei dieser Frage geht es nicht um Ihre Eignung für die Stelle. Ihr Gesprächs-partner versucht herauszufinden, wie wichtig Ihnen diese spezielle Bewer-bung ist, wie gefragt Sie bei anderen Unternehmen (womöglich Wettbewer-bern) sind – also auch, wie anspruchsvoll oder verzweifelt Sie sind. Falls Sie bereits ein verbindliches Angebot von einer anderen Firma erhalten haben, ist schnelles Handeln gefragt, wenn man Sie gewinnen möchte.

Ihre Antwort

Hier müssen Sie mit Bedacht vorgehen; Sie möchten ja nicht zu viele Details preisgeben, vor allem keine Firmennamen – außer wenn Sie sich auch bei ei-nem direkten Wettbewerber beworben haben. Wenn Sie dies preisgeben, ist dies allerdings durchaus gewagt: Ihr Gesprächspartner könnte das so verste-hen, dass Sie sich an den Meistbietenden verkaufen, aber es könnte ihn auch dazu motivieren, sich Ihr Know-how zu sichern, statt sie der Konkurrenz zu überlassen.

Grundsätzlich sollte man hier eher ausweichend, aber unbedingt ehrlich re-agieren. Wenn Sie Ihre Antwort damit abrunden, dass die zu besetzende Stelle Ihre erste Wahl ist, wird Ihr Gegenüber Sie vermutlich nicht mit detaillierten Nachfragen zu weiteren Bewerbungen bedrängen.

Finding the right position is obviously very important to me so I am being rather thorough in my job search. I have been quite selective, but I have identified a number of different jobs and organisations which fit my criteria and my applications for these vacancies have reached varying stages. However, the opportunity with your company remains my pre-ferred choice both because of the specifics of the role and because the organisation itself is one I feel to be particularly appropriate to me.

38. How does this job compare to others for which you are applying?

- ▶ Why do you want this particular job?
- ▶ What most attracts you to this opportunity rather than other vacancies you have applied for?

Was hinter der Frage steckt

Diese Frage bohrt tiefer nach als die vorherige und könnte auch als Anschlussfrage gestellt werden. Ihr Gesprächspartner möchte feststellen, wie motiviert Sie sind, speziell diese Position zu übernehmen und nicht eine der anderen, die Ihnen im Moment offenstehen. Er möchte wissen, wie hoch seine Firma bei Ihnen im Kurs steht.

Ihre Antwort

Sie bewegen sich hier auf einem schmalen Grat. Natürlich müssen Sie deutlich machen, dass diese Stelle Ihre erste Wahl wäre (auch wenn eine andere Stelle vielleicht noch attraktiver ist). Den Eindruck, dass diese Stelle Ihre einzige Chance ist, möchten Sie aber auch nicht hinterlassen, denn das würde Ihre Position eindeutig schwächen.

Bei dieser Frage ist es ratsam, sich auf die Stelle, um die es gerade geht, zu konzentrieren und zu erläutern, was Sie an der Tätigkeit und an dem Unternehmen am meisten reizt.

> This job has the edge on other applications I am pursuing. I have taken my time to identify a number of possibilities which are closely suited to me so as not to waste my time or anyone else's. They all have various pros and cons, but I am particularly attracted to this job because I feel it offers the best opportunities for me to develop professionally and make a major contribution. It's a perfect match for my skills and experience. I also believe I will fit in very well with the organisation as a whole.

39. Can you describe your ideal employer to me?

▶ Which of your employers was the best?

Was hinter der Frage steckt

Wie stellen Sie sich den perfekten Arbeitgeber vor? Anhand Ihrer Antwort kann Ihr Gesprächspartner einschätzen, inwieweit sein Unternehmen diesem Anforderungsprofil entspricht und, umgekehrt, inwieweit Sie in das Unternehmen passen. Das ist eine geschickte Frage, tappen Sie hier bloß nicht in die Falle! Wenn das Unternehmen nicht Ihrer Definition des idealen Arbeitgebers entspricht, weshalb sollte man Sie dann einstellen?

Ihre Antwort

Welche Vorstellung Sie vom idealen Arbeitgeber haben, spielt im Grunde keine Rolle. Für Ihren Erfolg im Vorstellungsgespräch ist wichtig, dass Ihre Angaben auf das Unternehmen zutreffen, bei dem Sie sich bewerben. Allerdings sollten Sie sich schon fragen, ob das wirklich die richtige Stelle für Sie ist, wenn Ihr potenzieller Arbeitgeber so gar nicht Ihren Idealvorstellungen entspricht.

An diese Frage geht man am besten heran, indem man sich fragt, was einem am künftigen Arbeitgeber am meisten gefällt, und dann seine Beschreibung des „idealen" Arbeitgebers dementsprechend aufbaut. Sagen Sie aber besser nicht: „Ihr Unternehmen entspricht genau meiner Vorstellung vom ‚perfekten' Arbeitgeber." Das wäre doch etwas zu dick aufgetragen.

 My ideal employer would be a large yet growing company with a strong reputation within its sector, a company which offers plenty of scope for progression within the hierarchy. Whilst my preference is for a larger organisation, I want to work for a company which nevertheless has a dynamic and progressive approach. Your organisation certainly more than meets those requirements.

 TIPP

Erinnern Sie sich an die Top-Ten-Fragen? Hier können Sie einige Sätze aus Ihrer Antwort auf die folgende Frage noch einmal anbringen.

▶ Why do you want to work for this organisation? *(siehe S. 25)*

40. What sort of person would you most like to work for?

▶ Can you tell me about the best boss you've ever had?
▶ Putting yourself in your manager's shoes, what is the best way to manage you?

Was hinter der Frage steckt

Ihr Gegenüber möchte wissen, wie gut Sie zu Ihrem potenziellen Vorgesetzten (und damit eventuell zu ihm selbst) passen und wie gut Sie gegebenenfalls zusammenarbeiten können. Machen Sie sich hier eines klar: Ihre Antwort gibt bereits Aufschluss darüber, wie ein potenzieller Vorgesetzter mit Ihnen zurechtkommen wird.

Ihre Antwort

Gehen Sie am besten nicht zu sehr ins Detail, liefern Sie keine allzu genaue Beschreibung. Sie sollten vielmehr wie bei einem Horoskop vorgehen. Diese sind oft so abgefasst, dass sie aussagekräftig scheinen, aber eher vage bleiben, damit sich darin viele Menschen wiederfinden. Antworten Sie also möglichst weit gefasst. Dann ist die Gefahr geringer, dass Sie viel zu viele Menschen von vorne herein ausschließen.

Wie ist es, mit Ihnen zusammenzuarbeiten? In Ihrer Antwort können Sie ruhig einige Hinweise darauf einstreuen. Versuchen Sie, den Eindruck zu vermitteln, dass Sie am liebsten für jemanden arbeiten, der Ihnen ähnlich ist, und geben Sie dann eine möglichst positive Beschreibung dieser Person.

I'd most like to work for someone who has the same approach as I do to getting things done – planning, organisation and action. Also, I'm always keen to take on new duties and responsibilities so I'd welcome a manager who was prepared to give me the chance to continue my professional development. Besides this, a good manager is, of course, always approachable supportive and sensitive to the needs of their team; whilst I'm good at working on my own initiative, every team needs a leader to give it direction.

41. In what ways is your degree relevant to the work you are now doing?

▶ Why did you choose to study x at university and how do you feel it is relevant to this job?

▶ What did you learn at university that will help you to undertake this job?

Was hinter der Frage steckt

Wenn Ihnen diese Frage gestellt wird, interessiert man sich für die Inhalte Ihres Studiums/Ihrer Ausbildung und inwiefern die Kompetenzen und Erfahrungen, die Sie sich angeeignet haben, für die freie Stelle relevant sind.

Ihre Antwort

Wie Sie diese Frage beantworten, hängt von Ihrer persönlichen Situation ab. Generell haben Sie zwei Möglichkeiten.

Ihr Abschluss ist unmittelbar relevant für Ihre aktuelle Tätigkeit

Wenn Sie zum Beispiel Arzt sind, dann beantworten Sie diese Frage ohne Umschweife. Erläutern Sie kurz einige Hauptaspekte Ihres Studiengangs, die für Sie im Berufsleben nützlich waren. Dabei sollten Sie unbedingt eine Beziehung zu der Stelle herstellen, um die Sie sich bewerben.

Ihr Abschluss hat wenig oder nichts zu tun mit Ihrer aktuellen Tätigkeit

Sollten Sie beispielsweise Ägyptologie studiert haben und jetzt im Finanzwesen tätig sein, bringt es natürlich nichts, wenn Sie sich über inhaltliche Details aus dem Studium auslassen. Stattdessen sollten Sie sich auf Folgendes konzentrieren:

• Welche Kompetenzen und Fertigkeiten haben Sie sich während des Studiums erarbeitet, die auch auf andere Gebiete übertragbar sind?

• Welchen Bezug haben diese Kompetenzen und Fertigkeiten zu Ihrem gegenwärtigen Beruf?

• Inwiefern haben Sie sich durch die Erfahrung, ein Studium erfolgreich absolviert zu haben, persönlich weiterentwickelt?

Viele Arbeitgeber sind in Bezug auf den Nutzen mancher Studiengänge für das reale Arbeitsleben skeptisch. Die Auffassung, dass Hochschulabsolventen zu wenig Initiative zeigen und ihr theoretisches Wissen zu wenig in der Praxis umsetzen können, ist weit verbreitet. Solche Zweifel sollten Sie unbedingt zerstreuen!

> Whilst my degree in geography is of course not directly relevant to my current role as a market researcher, it was nevertheless a very worthwhile experience in many different ways. I developed a broad set of transferable skills, including how to compile, interpret and analyse data; skills I now apply on a daily basis. I also undertook a number of team projects, working together to achieve a goal, including writing up the results of our findings and how best to structure and communicate our arguments. Undertaking a degree course was a major personal challenge and I definitely matured significantly during my time at university; learning how to plan and organise my own workload so as to meet all my deadlines. I feel it has definitely helped to prepare me for my current career.

42. What have you learned and how have you developed over the last year / five years?

- ▶ What have you learned in your last job?
- ▶ What have you learned in each of your previous roles?

Was hinter der Frage steckt

In vielen Berufen ist es unerlässlich, dass man sich persönlich und beruflich stets weiterentwickelt. Ihr Gegenüber hält Ausschau nach

- Belegen dafür, dass es Ihnen wichtig ist, sich ständig weiterzuentwickeln und
- Einzelheiten dazu, welchen Vorteil eventuelle Fortbildungen für Ihre nächste Stelle haben.

Ihre Antwort

Ihr Gegenüber interessiert sich hier durchaus dafür, was Sie im Rahmen Ihrer letzten Stelle dazugelernt haben. Fragt Ihr Gesprächspartner nach den letzten fünf Jahren und nicht nur nach den letzten zwölf Monaten, muss Ihre Antwort auch entsprechend breiter angelegt sein.

In den letzten Jahren sind Sie möglicherweise auf unterschiedliche Art und Weise vorwärtsgekommen, anführen sollten Sie hier aber nur Beispiele, die für die zu besetzende Position unmittelbar relevant sind.

Sprechen Sie darüber, wie Sie sich generell persönlich weiterentwickelt haben und welche konkreten Schulungen Sie gemacht haben. Dabei sollten Sie unbedingt herausstellen, dass Sie selbst die treibende Kraft waren, nicht Ihr Arbeitgeber.

Over the course of the past five years, I have made an effort to develop my skills and experience in numerous different ways. I have matured as an individual and my experience of working with both colleagues and customers has contributed a lot to my interpersonal skills. I am also better able to see the bigger picture and how my role relates to the overall goals of the organisation. Having built up a broad range of experience, I am now much more productive in my role and much better equipped to handle unusual or difficult situations. In terms of training, I have learned a range of new IT skills, including Microsoft Powerpoint and Microsoft Access. I have also undertaken an evening course in business administration, which has helped to shape the way I work and has given a formal structure to many of the skills I was already developing on a practical basis. I am also now a qualified first aider.

43. What sports are you / have you been involved in?

▶ Do you play any sports?

Was hinter der Frage steckt

Schwer zu sagen, was Ihr Gesprächspartner mit dieser Frage genau bezweckt. Grundsätzlich hört natürlich jeder gern, dass Sie fit und körperlich aktiv sind. Manch einer versucht einzuschätzen, ob Sie ein Teamplayer sind (oder nicht) oder ob Sie vielleicht sogar das Zeug zum Teamchef haben. Andere versuchen herauszufinden, ob Sie wettbewerbsorientiert sind. Allerdings ist bisher weder bewiesen, dass Sportler wettbewerbsorientierter sind, noch, dass sie bessere Teamplayer sind als Nichtsportler.

Ihre Antwort

Wenn Sie Sport treiben, werden Sie das in Ihrem Lebenslauf erwähnt haben. Ihr Gesprächspartner sollte also davon wissen. Er erwartet hier einfach einige nähere Angaben. Wenn Sie – wie so viele – kaum Zeit für sportliche Aktivitäten finden, brauchen Sie trotzdem keine Angst zu haben. Diese Frage ist sicher nicht ausschlaggebend dafür, ob Sie die Stelle bekommen oder nicht. Bleiben Sie bei der Wahrheit und versuchen Sie, mindestens eine körperliche Aktivität zu erwähnen, und seien es auch nur Spaziergänge am Wochenende.

> There's currently little routine to my life. Business needs are such that I travel very frequently and work irregular hours. This leaves little room for me to participate in any sporting activities. However, I do like to keep myself fit and healthy, and I take the opportunity to go for a walk in the morning before I start work, whenever possible. This helps to wake me up, get some oxygen into my brain and I also use the time to think through the day ahead of me and what it is that I need to achieve. I'm aware that there's a lot less travel involved in this job so this means I may have more opportunity in the future to play tennis again.

44. Do you know what the current headline news is?

▶ What news story has interested you recently?

Was hinter der Frage steckt

Abgesehen von einigen wenigen Berufen, zum Beispiel im Journalismus, hat diese Frage vermutlich sehr wenig mit Ihrer Eignung für die Stelle zu tun – außer Ihre Branche oder Ihr Beruf waren kürzlich in den Schlagzeilen. Bei dieser Frage will man etwas über Sie als Mensch herausfinden: Wie viel aktives Interesse zeigen Sie an der Welt um Sie herum und an der Gesellschaft, in der Sie leben? Das ist aufschlussreich im Hinblick auf Ihren Charakter bzw. darauf, wie gut Sie zu Ihren künftigen Kollegen und zur Unternehmenskultur passen. Denkbar ist auch, dass Ihr Gegenüber Ihre Meinung zu einem Nachrichtenthema erfahren möchte, um Ihre analytischen Fähigkeiten zu testen.

Ihre Antwort

Die Antwort „Nein" ist hier natürlich keine Option. Egal, ob Sie sich für das Zeitgeschehen interessieren oder nicht, im Vorstellungsgespräch müssen Sie zeigen, dass Sie wissen, was in der Welt vor sich geht. Es ist schließlich nicht schwer, eine Tageszeitung (kein Boulevardblatt!) zu kaufen oder sich im Fernsehen die Nachrichten anzusehen. Vermeiden Sie Kontroverses. Sagen Sie nicht zu viel. Tragen Sie kurz Ihre Meinung zur Sache vor, wenn Ihnen dies angebracht erscheint.

Ein nachrichtenrelevantes Thema könnte Ihr Gesprächspartner auch in der anfänglichen Small-Talk-Phase aufwerfen oder sogar nach dem eigentlichen Vorstellungsgespräch. Wenn Sie überhaupt keine Ahnung haben, um was es geht, hinterlässt das keinen guten Eindruck.

> I like to keep abreast of current affairs mainly via the BBC news website, which gives me a thorough, but balanced overview. The major news at the moment remains the ongoing conflict in the Middle east. It's a tragic situation and it's very hard to see what the long-term solution is going to be, so deep-rooted are the problems.

45. How quickly can you adapt to a new work environment?

▶ How long does it generally take you to settle into a new environment?
▶ How long do you feel it will take you to make an impact in your new job?

Was hinter der Frage steckt

Es dauert immer seine Zeit, bis man sich eingearbeitet hat. Wer jahrelang ein und dieselbe Stelle innehatte, für den kann eine neue Position durchaus eine schockartige Wirkung haben. Es sind schon mehr Arbeitnehmer in der ersten Woche davongelaufen, als Sie denken!

Ihr Gegenüber möchte hier nicht hören, wie lange sie konkret für die Einarbeitung brauchen. Es geht darum, dass Ihnen bewusst ist, welchen Umbruch ein Stellenwechsel bedeutet, dass Sie darauf vorbereitet sind und Sie sich dementsprechend so schnell wie möglich auf die neue Situation einstellen.

Ihre Antwort

Teilen Sie Ihrem Gegenüber mit, dass Sie in der Lage sind, sich rasch an neue Umstände zu gewöhnen. Versuchen Sie zu vermitteln, weshalb das der Fall ist. Zu sagen, dass man sich schnell anpasst, ist eine Sache, eine andere ist, dies mit Belegen zu untermauern. Am besten schildern Sie einfach, wie schnell Sie sich in Ihre aktuelle oder eine vorherige Tätigkeit eingearbeitet hatten. Falls Sie sich um Ihre allererste Stelle bewerben, könnten Sie erläutern, wie Sie sich in Ihr Studium einfanden oder wie gut Sie an Ihrer Ausbildungsstätte zurechtkamen.

I believe I'm very good at adapting to changes in my circumstances. Whilst every organisation is different and no two jobs I've had have ever been the same, the core requirements of my role don't change. I appreciate that there will inevitably be new procedures that I need to absorb and adhere to, and it also takes time to forge positive working relationships with new colleagues. However, I don't anticipate it taking very long at all before I'm fully up to speed and making a major contribution. When I took up my current role, I'd been with my previous employers for more than five years. It was clearly a major change for me. I nevertheless settled in very quickly, got to know my colleagues and to understand the way the organisation worked, and I already felt quite at home before the end of my first month.

46. Would it be a problem if we asked you to work overtime / evenings / weekends?

▶ Would it be a problem for you taking work home occasionally at the weekend?

▶ Do you have a preference for working regular days and hours?

▶ How do you feel about the amount of overtime this role demands?

Was hinter der Frage steckt

Manche Stellen erfordern den Einsatz außerhalb der normalen Arbeitszeit. Es wird erwartet, dass Sie darauf eingestellt sind, ggf. länger als im Normalfall zu arbeiten. Wenn Überstunden / Abend- und Wochenendarbeit bei der ausgeschriebenen Position die Regel wären, würde Ihr Gesprächspartner wahrscheinlich nicht danach fragen. Er möchte lediglich feststellen, wie flexibel Sie sind, bei Bedarf dem Unternehmen entgegenzukommen. Mit anderen Worten: Wie engagiert Sie in Bezug auf Ihre Arbeit sind.

Ihre Antwort

Welche Einstellung Sie zu Überstunden und zum Arbeiten außerhalb der „normalen" Bürozeiten haben, liegt allein an Ihnen. Wenn Sie sich entschieden haben, ist Ehrlichkeit die beste Strategie. Wenn Sie nicht gewillt sind, Überstunden zu machen, kann das für Sie von Nachteil sein. Trotzdem sollten Sie sich nicht dazu überreden lassen, Arbeitsbedingungen zu akzeptieren, mit denen Sie nicht leben können, wenn Sie nicht wirklich bereit sind, sich darauf einzulassen.

Ihren Standpunkt (egal, welchen Sie einnehmen) sollten Sie möglichst angemessen und positiv vertreten. Auch wenn Sie nicht auf Überstunden erpicht sind, können Sie vielleicht einen Kompromiss anbieten, wie das nachstehende Beispiel zeigt.

I'm reasonably flexible and if business needs are such that it would be advantageous for me to work longer hours – and even weekends – then, depending on my other commitments, I would certainly be prepared to do so. However, I would hope that this would be the exception rather than the rule. I do believe in a life outside work, and whilst my job is clearly very important to me, I would generally like to keep my working hours within normal bounds. In my current role I have had to put in some overtime during especially busy periods and I have had no objections to doing so. However, I am efficient and productive and I generally manage to complete my work without having to resort to overtime.

47. What is your current salary package?

▶ How much are you currently earning?

Was hinter der Frage steckt

Ihr Gegenüber möchte einfach wissen, welches Gehalt Sie im Moment beziehen, um dieses mit dem, das seine Firma bietet, vergleichen zu können.

Ihre Antwort

Ihre Antwort ist ebenfalls ganz einfach. Ich plädiere hier für absolute Aufrichtigkeit. Man fragt nicht danach, welche Entlohnung Sie für diese Position erwarten (darum geht es in der nächsten Frage). Man fragt nach Ihrem momentanen Gehalt und das sollten Sie auch sagen. Wie immer, wenn es ums Geld geht, sollten Sie hier anmerken, dass die Bezahlung nicht Ihr einziger Beweggrund ist (die Ausnahme sind Tätigkeiten im Verkauf und andere weitgehend provisionsbasierte Tätigkeiten).

I currently have a basic salary of £32,200 with a Ford Mondeo company car. I also receive an annual bonus; this year it was £2,500. Whilst my remuneration is clearly important, it's most certainly not the only deciding factor in my choice of a new job and a new employer. Continuing my professional development within a suitably challenging role is also very important to me.

48. What salary package are you expecting for this role?

▶ What would you consider to be an appropriate rate of remuneration for this job?

Was hinter der Frage steckt

Hier interessiert sich Ihr Gesprächspartner dafür, was Sie verdienen wollen – unabhängig davon, wie Ihr aktuelles Gehalt aussieht – und ob dies deckungsgleich ist mit den Gehaltsvorstellungen des Unternehmens.

Ihre Antwort

Hier ist die Antwort schwieriger als bei der vorherigen Frage. Sie müssen sich genau überlegen, welche Gehaltsvorstellungen Sie haben und was Sie als Minimum akzeptieren würden – vorausgesetzt, die Stelle an sich ist entsprechend attraktiv. Das können nur Sie entscheiden. Wenn Sie Ihren „Marktwert" kennen, ist das sicher hilfreich. Das heißt aber nicht, dass Sie hier eine ganz konkrete Antwort geben müssen. Solange Sie keine feste Stellenzusage haben, umschiffen Sie die Frage besser, indem Sie eine Bandbreite für ein mögliches Gehalt angeben.

> The opportunities I'm currently pursuing generally involve salary packages between £35k and £40k and I am comfortable with this range. Whilst the salary on offer won't necessarily be the deciding factor in my choice, I am keen to achieve a position which offers nearer the high end of this scale; a package which best reflects my worth.

49. When would you be available to start?

▶ What notice period does your current contract stipulate?

Was hinter der Frage steckt

So leid es mir tut, diese Frage ist nicht zwangsläufig ein Zeichen dafür, dass Sie die Stelle bekommen werden. Ihr Gesprächspartner möchte für seine Planung einfach nur wissen, wann Sie beginnen könnten, falls man Ihnen die Stelle zusagt.

Ihre Antwort

Antworten Sie einfach direkt und ehrlich. Informieren Sie Ihr Gegenüber über Ihre Kündigungsfrist und ggf. die Urlaubstage, die Ihnen noch zustehen.

Überlegen Sie sich schon vor dem Vorstellungsgespräch, ob Sie Ihren Resturlaub eventuell für eine Auszeit nutzen wollen, bevor Sie die neue Stelle antreten. Die meisten Arbeitgeber haben in der Regel Verständnis für Kündigungsfristen und sind bereit, auf den Idealkandidaten zu warten. Wenn die freie Stelle dringend besetzt werden muss, kann Ihr potenzieller Starttermin aber durchaus ein ausschlaggebender Faktor sein.

Wenn Sie Ihrem aktuellen Arbeitgeber aus bestimmten Gründen mehr Zeit für die Wiederbesetzung Ihrer Stelle einräumen wollen als vertraglich vereinbart, wird das Ihrem neuen Arbeitgeber ungelegen kommen, er könnte aber auch von Ihrer Loyalität und Ihrem Engagement beeindruckt sein. Sprechen Sie einfach mit Ihrem neuen Arbeitgeber, es wird sich eine vernünftige Lösung aushandeln lassen.

> My current contract stipulates a notice period of four weeks but I have 10 days' leave available to me which effectively reduces my notice period to just two weeks. On receipt of a firm job offer I would intend to resign immediately from my current position and conceivably start my new role just two weeks later.

50. Do you mind if we contact your current employer for a reference?

▶ Would you give us permission to take up appropriate personal and professional references?

Was hinter der Frage steckt

Wenn Ihr Gesprächspartner Ihre Referenzen prüfen möchte, ist das kein schlechtes Zeichen, aber auch noch keine Stellenzusage. Die meisten Arbeitgeber werden so vernünftig sein, Referenzen einzuholen, ehe sie jemanden einstellen (das ist eine sinnvolle Vorsichtsmaßnahme).

Ihre Antwort

Diese Frage ist gar nicht so unkompliziert, wie sie auf den ersten Blick scheint. Aus Ihrer Antwort muss klar hervorgehen, dass Sie nichts zu verbergen haben und gern entsprechende Kontaktdaten liefern. Der Bitte um eine Referenz sollten Sie aber nur entsprechen, wenn man Ihnen die Stelle fest anbietet!

I understand the importance of references and would be delighted for you to have a word with my referees, I'm confident they'll be very supportive of my application. However, my decision to change jobs is quite a sensitive issue particularly with regard to my current employer, so I would prefer it if we could leave the issue of referees until such time as we might be discussing a firm job offer.

TIPP

Da es in Großbritannien üblich ist, anstelle von Arbeitszeugnissen persönliche Referenzen anzugeben, könnten Sie auch gebeten werden, die Kontaktdaten von möglichen Referenzgebern vor einem Vorstellungsgespräch zur Verfügung zu stellen. Darüber sollten Sie diese allerdings vorher informieren, damit sie von einem möglichen Telefonanruf oder einer E-Mail nicht komplett überrascht werden und um sicherzustellen, dass sie Ihnen überhaupt eine Referenz ausstellen möchten. Sollten Sie Ihrem aktuellen Chef nicht unbedingt mitteilen wollen, dass Sie sich auf der Suche nach einem neuen Job befinden, ist es in den meisten Fällen auch möglich, die Unternehmen zu bitten, die Referenzen erst einzuholen, wenn Sie in einer fortgeschrittenen Phase des Bewerbungsprozesses angelangt sind.

Die 25 heikelsten
Fragen — Wappnen Sie sich!

Einfach ruhig und gelassen bleiben

Viele vermeintlich schwierige Fragen sind im Grunde nichts anderes als Varianten klassischer Fragen, die im vorherigen Kapitel ausführlich behandelt worden sind.

Allerdings gibt es leider tatsächlich Fragen, die man nur als heikel, gemein oder geradezu fies bezeichnen kann. Trotzdem besteht kein Grund zur Panik. Wie immer gilt: Vorbereitung ist alles! Wenn Sie wissen, auf welche Fragen Sie gefasst sein müssen, können Sie sich vorher eine vernünftige Antwort zurechtlegen. Damit haben Sie die Schlacht schon halb gewonnen.

Heikle Fragen werden in erster Linie gestellt, um den Bewerber aus der Fassung zu bringen und zu sehen, wie jemand unter Druck bzw. Stress reagiert. Bleiben Sie in einem solchen Fall einfach ganz ruhig und lassen Sie sich von Ihrem Gesprächspartner nicht durcheinanderbringen. Wenn Sie sich auf eine Frage vorbereitet haben, ist das Risiko, dass Sie in Panik geraten, viel geringer.

Negatives in Positives verwandeln

Woran erkennt man heikle Fragen? Ihr Gegenüber wird entweder ein schwieriges Thema ansprechen oder eine Frage so formulieren, dass Ihnen eine eher negative Antwort in den Mund gelegt wird. Ist das der Fall, ist es wichtig, dass Sie aus etwas potenziell Negativem etwas Positives machen. Was gar nicht so schwer ist, wenn man weiß, wie es geht.

Es geht sofort zur Sache

Heikle Fragen sind häufig sehr direkt. Man kommt sofort zur Sache, um Sie in Verlegenheit zu bringen. Versuchen Sie, dies nicht als Bedrohung zu sehen, sondern als etwas Positives.

1. You must surely have more than one weakness?

- ▶ What would you say are your other weaknesses?
- ▶ Tell me about another weakness.

Was hinter der Frage steckt

Auf die Frage nach den eigenen Schwächen haben sich die meisten eine Standardantwort zurechtgelegt, die aber nur genau eine Schwäche abdeckt. Denken Sie daran, dass Ihr Gesprächspartner hier nachhaken könnte: „Gut, das ist eine Schwäche. Mit Sicherheit haben Sie noch mehr Schwächen?" Man versucht damit, Sie unter Druck zu setzen, um Ihre Reaktion zu testen.

Ihre Antwort

Wenn Sie sich vorbereitet haben, ist die Antwort auf diese Frage einfach. Sie sollte ähnlich ausfallen wie die Antwort, die Sie sich auf die Top-10-Frage nach Ihren Schwächen zurechtgelegt haben (siehe S. 27). Allerdings haben Sie jetzt mehr Spielraum, ein Beispiel anzuführen, bei dem es sich in Wirklichkeit gar nicht um eine Schwäche handelt.

I suppose everybody has more than one weakness. If I had to think of another weakness I would say it's that I have a tendency to focus too much on detail. I can go to great lengths to get something just right and this can mean that it takes me somewhat longer to complete than someone who rushes the task. However, I very much believe that if something is worth doing then it is worth doing to the very best of your ability. Also, it's well known that cutting corners can just lead to more work in the long term; it's counterproductive. I recognise, though, that it's not always appropriate to complete every task perfectly and I have worked on my ability to know when good is good enough.

TIPP

Wenn Sie es mit einem besonders unangenehmen Gesprächspartner zu tun haben, kann es sein, dass dieser immer weiter nachhakt und Sie nach weiteren Beispielen fragt. Auch hier lautet das Geheimnis wieder: Vorbereitung ist alles!

2. What character flaws do you have?

▶ Do you have any personality defects?

Was hinter der Frage steckt

Diese Frage ist aggressiv und kann sogar als Suggestivfrage formuliert sein *(siehe S. 13)*. Sie ähnelt den Fragen nach den eigenen Schwächen, ist aber viel persönlicher. Wenn Ihr Gegenüber Sie nach Ihren Charakterfehlern fragt, interessiert er sich durchaus für Ihre eventuellen persönlichen Defiziten, in erster Linie will er aber sehen, wie Sie mit der Situation umgehen.

Ihre Antwort

Antworten Sie besser nicht direkt auf diese Frage, eine Charakterschwäche preiszugeben, wäre ein Fehler. Es ist hier absolut vertretbar, wenn Sie sagen, dass Sie sich keiner Charakterfehler bewusst sind. Das heißt ja nicht, dass Sie keinerlei persönliche Defizite haben. Sie können diese Frage wiederum umschiffen, indem Sie eine Schwäche erläutern, die nicht besonders ins Gewicht fällt. Und: Wenn potenziell negative Punkte zur Sprache kommen, sollten Sie diese immer so drehen, dass aus Negativem etwas Positives wird.

Everybody's character is different, but I don't believe I have any major character flaws. I suppose I can, on occasion, be overly demanding both of myself and members of my team. I can be very critical of my own work and I expect those under me to work to the same standards. I am nevertheless a patient individual and am prepared to give members of my staff a reasonable chance. Everyone makes mistakes; the important thing is never to make the same mistake twice.

3. How do you handle being criticised?

▶ How do you take criticism?
▶ How did you react when you were last criticised?
▶ Can you tell me about an occasion when your work was criticised?
▶ Have you ever had an idea that has been criticised by someone else?

Was hinter der Frage steckt

Hier interessiert sich Ihr Gesprächspartner für Sie als Mensch. Er will wissen, wie Sie mit Kritik umgehen und ob man mit Ihnen zusammenarbeiten kann. Jeder sollte konstruktive Kritik akzeptieren können, wenn diese angebracht ist. Wer will schon jemanden einstellen, der auf Kritik allzu empfindlich reagiert, nicht bereit ist, sich diese anzuhören oder Kritik als persönlichen Angriff auffasst?

Ihre Antwort

Auch wenn Sie nicht explizit darum gebeten wurden, ist es sicher nicht schlecht, ein Beispiel anzuführen. Allerdings sollten Sie dieses sorgfältig auswählen. Führen Sie keinen allzu großen Fehler an, für den sie kritisiert wurden. Und formulieren Sie Ihre Antwort so, dass klar wird, was Sie aus der Erfahrung gelernt haben.

Noch einmal: Tappen Sie hier nicht in die Falle. Sie müssen potenziell negative Themen so ansprechen, dass Sie trotzdem in einem positiven Licht erscheinen. Sie sollten unbedingt darauf achten, gut dazustehen.

Ein Wort an alle, die Probleme mit Kritik haben: Es spielt nicht wirklich eine Rolle, wie Sie mit Kritik klarkommen. Wichtig ist nur, dass Sie Ihren Gesprächspartner glauben lassen, dass Sie gut damit zurechtkommen.

 If criticism is due then I generally welcome it. I'm very critical of my own work and I always appreciate constructive criticism and feedback from others, especially those who may have a different angle on matters or possibly more experience than I do. I was recently asked to work on a tender document for a new contract and, since this is not normally a part of my job, my experience in this respect was limited. I actually invited criticism from both my line manager and from a more experienced colleague. Whilst they were largely impressed with my work →

they certainly gave me constructive criticism on a number of different areas and this helped me to perfect the document. We won the contract and I've definitely learned a lot from the experience, which will be useful to me in the future.

4. What really makes you lose your rag?

- ▶ What causes you to lose your temper?
- ▶ What really makes you angry?
- ▶ Do you ever lose your cool?

Was hinter der Frage steckt

Jetzt geht es zur Sache. Das ist eine sehr direkte und potenziell auch herausfordernde Frage. Ihr Gesprächspartner weiß, dass er Sie damit unter Druck setzt. Genau das möchte er auch, denn bei dieser Frage geht es allein darum, wie Sie sich fühlen, wenn Sie unter Druck stehen und wie Sie auf Stress reagieren. Ihre Antwort sagt Ihrem Gegenüber viel über Sie.

Ihre Antwort

Bei dieser Frage geben Sie am besten kein konkretes Beispiel an. Auch wenn Sie einen sehr unbeständigen Charakter haben, müssen Sie den Eindruck vermitteln, dass Sie besonnen und ausgeglichen sind und dass Sie sich auch dann nicht erschüttern lassen, wenn es mal hart auf hart kommt. Jeder verliert manchmal die Beherrschung, auch Ihr Gegenüber. Es wäre ein Fehler, hier zu viel von sich preiszugeben.

I recognise that losing my temper is very unlikely to achieve anything; in fact, getting angry is generally very counterproductive. Whilst the behaviour of others can, of course, sometimes cause me to feel frustrated or even annoyed, I always focus on remaining calm and finding solutions to the problem at hand. I try to channel any negative feelings into my work because that's normally the best way of resolving the issue. Stress and pressure are facts of life and losing your rag won't fix anything.

5. How did you cope with the most difficult colleague you've ever had?

▶ Have you ever had problems getting on with a colleague?
▶ Is there anyone you currently work with that you find really difficult to relate to?
▶ What sort of person do you find difficult to work with?
▶ Have you ever had to work with someone really difficult?

Was hinter der Frage steckt

Hier interessiert sich Ihr Gesprächspartner für Ihre Sozialkompetenz. Beim Umgang mit zwischenmenschlichen Konflikten unterscheidet man im Wesentlichen drei Reaktionsweisen:

* Lassen Sie es bei schwierigen Menschen auf einen Frontalzusammenstoß ankommen?
* Finden Sie einen Weg, mit ihnen zurechtzukommen?
* Kneifen Sie und lassen Sie sich nichts anmerken?

Ihr Gesprächspartner möchte herausfinden, in welche dieser Kategorien Sie fallen. Mit dieser Frage will er Ihnen auf den Zahn fühlen. Denn Ihre Antwort gibt nicht nur Aufschluss darüber, wie Sie sich Ihren Kollegen gegenüber verhalten, sondern spricht auch Bände in Bezug auf Ihren grundsätzlichen Charakter.

Ihr Gesprächspartner interessiert sich hier auch dafür, was jemanden in Ihren Augen überhaupt erst zu einem schwierigen Kollegen macht. Auch wenn es auf der Hand zu liegen scheint, weshalb die Zusammenarbeit mit manchen Menschen schwierig ist.

Ihre Antwort

Vermitteln Sie Ihrem Gesprächspartner, dass Sie zweifellos in die zweite Kategorie fallen. Sie müssen zeigen, dass Sie jemand sind, der, wenn er mit einem schwierigen Kollegen (oder auch einem schwierigen Kunden) konfrontiert ist, Wege findet, um mit der betreffenden Person klarzukommen (das ist übrigens auch eine wunderbare Gelegenheit, sich als ideale Führungskraft darzustellen).

Niemand möchte einen Hitzkopf einstellen, der es zum Krach mit den Kollegen kommen lässt. Aber ebenso wenig möchte man jemanden einstellen, der vermutlich mobbinganfällig ist.

Wie auf dem Schulhof, gibt es auch in fast jedem Arbeitsumfeld mindestens einen „schwierigen" Menschen. Das ist nun mal so im Leben und Sie müssen zeigen, dass Sie damit zurechtkommen und trotz aller Schwierigkeiten auch mit solchen Menschen erfolgreich zusammenarbeiten können.

> Like everybody, I've certainly had to deal with difficult colleagues on occasion; colleagues who have failed to pull their weight, who have been too ready to blame others for their errors or who simply have an unpleasant and unprofessional attitude. I'm not afraid of making my opinion known and I believe that communication, especially in difficult or high-pressure situations, is essential in developing effective working relationships. Whilst some interpersonal conflict is inevitable, I don't believe in clashing head-on with a difficult colleague. It's much more productive to try to understand them, to reason with them and to find ways of working through any difficulties you may have. Communication is the key. You often find that someone with whom you initially had difficulties can, once you've reached an understanding, become a valued co-worker.

6. Are you able to make difficult decisions and tough choices?

▶ Have you ever had to make a really difficult decision at work?
▶ What kind of decisions do you find difficult?
▶ Have you ever had to make a tough and unpopular choice at work?

Was hinter der Frage steckt

Sie denken jetzt vielleicht: Da gibt es doch keine versteckte Bedeutung, das ist eine sehr direkte Frage, bei der es um Entscheidungsfähigkeit geht. Es geht hier aber darum, was für Sie überhaupt eine schwierige Entscheidung ist – und genau das wird Ihre Antwort offenlegen. Ihr Gesprächspartner möchte wissen, was Sie sich unter einer schwierigen Entscheidung vorstellen und wie Ihnen zumute ist, wenn Sie eine solche fällen müssen.

Ihre Antwort

Manche Entscheidungen sind zwangsläufig schwerer zu treffen als andere. Sie wollen natürlich nicht, dass Ihr Gesprächspartner glaubt, Sie hätten ein Problem damit, eine schwierige Entscheidung zu treffen, falls dies nötig sein sollte. Sie sollten hier keinesfalls Unentschlossenheit demonstrieren, da diese generell als Manko gilt, sondern herausstellen, dass Sie schwierige Entscheidungen, die eben manchmal zu treffen sind, als notwendiges Übel betrachten.

Diese Frage wird höchstwahrscheinlich gestellt, wenn es um eine gehobenere Führungsposition geht. Am besten konzentrieren Sie sich auf Entscheidungen, die direkte Folgen für das Leben Ihrer Mitarbeiter haben – zweifellos die schwierigsten Entscheidungen für jeden Manager. Die meisten Manager mussten früher oder später jemanden entlassen bzw. dessen Stelle abbauen oder zumindest die Entscheidung treffen, einen Mitarbeiter zurechtzuweisen.

For me, the most difficult decisions are those with the highest human cost; for example, the decision to make redundancies. However, I don't shy away from my responsibilities and I recognise that certain business circumstances can force such decisions, and that it would be potentially damaging not to firmly and efficiently make such decisions. In the last recession I had to make a number of redundancies as a result of the adverse economic climate. I certainly wouldn't claim it was easy but it was necessary to protect the business and the livelihoods of everyone else working for the organisation.

7. Why haven't you achieved more in your career?

▶ Why haven't you achieved more in your current / last job?

Was hinter der Frage steckt

Diese Frage beinhaltet eindeutig eine verdeckte Kritik. Eine sehr clevere Frage, bei der sich schnell die Spreu vom Weizen trennt. Der Hauptzweck dieser schwierigen Frage ist es, zu sehen, wie Sie auf Angriffe reagieren. Wie bei einer Reihe anderer heikler Fragen interessiert Ihren Gesprächspartner auch hier mehr, *wie* Sie die Frage beantworten, als die konkrete Erklärung dafür, weshalb Sie beruflich nicht mehr erreicht haben.

Ihre Antwort

Lassen Sie sich von der Frage nicht aus dem Konzept bringen und von Ihrem Gegenüber nicht in die Defensive treiben! Nehmen Sie die Frage nicht persönlich!

Sie sollten hier nicht in die Falle tappen und zugeben, dass Sie auch glauben, dass Sie es weiter hätten bringen können. Selbst Bill Gates wird das Gefühl haben, er hätte in seiner beruflichen Laufbahn mehr erreichen können. Es liegt in der Natur des Menschen, das Gefühl zu haben, man hätte es noch besser machen können. Stattdessen sollten Sie den Spieß umdrehen, indem Sie schildern, was Sie schon alles in Ihrer beruflichen Laufbahn erreicht haben und weshalb Sie stolz darauf sind. Sie sollten sich auch optimistisch über Ihre Zukunft äußern.

Hätten Sie in Ihrer beruflichen Laufbahn jedoch tatsächlich mehr erreichen können, sollten Sie versuchen, einige mildernde Umstände geltend zu machen. Das ist natürlich die schwächere Antwort – aber immer noch besser als hartnäckig darauf zu bestehen, dass es in Ihrem beruflichen Werdegang keine Schwachpunkte gibt, wenn dem offensichtlich so ist. In so einem Fall ist es noch wichtiger, sich optimistisch über die Zukunft zu äußern, da Sie damit bekräftigen, dass Sie jetzt auf dem richtigen Weg und bereit sind, versäumte Zeit nachzuholen.

 I'm actually very pleased with my career to date. As I've progressed from organisation to organisation I've gained a great deal of practical experience and developed my abilities considerably. I have been responsible for a number of significant achievements; in my current role I successfully drove down stock from £1.5 million to £800k in just nine months whilst maintaining lead times, boosting working capital by £700k. I always strive to achieve my best and that is definitely a factor in my now looking for a new job. I feel that this vacancy would be a perfect next step for me because I know I can rise to the challenge and make a major contribution.

8.   What don't you like about this line of work?

▶ What aspects of your job would you change if you could?

Was hinter der Frage steckt

Diese Frage hat es in sich! Sie soll Sie dazu bringen, potenziell Negatives über Ihre Einstellung zu Ihrer Arbeit preiszugeben. Ihr Gesprächspartner versucht herauszufinden, ob Sie sich grundsätzlich für den Beruf eignen, um den es geht, und im Speziellen natürlich für die freie Stelle.

 FAUX-PAS

Ein Bewerber antwortete auf diese Frage: „Hauptsächlich die Zeit zwischen Montag und Freitag!" Wenn Sie sich nicht gerade als Bühnenkomiker bewerben, sollten Sie solche Witze lieber nicht machen!

Ihre Antwort

Man kann hier leicht ins Stolpern geraten. Wenn man aber verstanden hat, was hinter der Frage steckt, und man diverse Fallstricke vermeidet, ist es gar nicht so schwer, richtig zu antworten.

Als Erstes: Mit der Antwort „Gar nichts" werden Sie hier nicht durchkommen. Für jeden gibt es Aspekte, die ihm an seiner Arbeit nicht gefallen oder zumindest weniger gefallen als andere. Selbst Filmstars müssen sich damit abfinden, dass sie unter Umständen um fünf Uhr morgens am Drehort erscheinen müssen, wenn sie ihre 10-Millionen-Gage einheimsen wollen.

Sie müssen also mindestens einen Aspekt an Ihrer Arbeit nennen, der Sie nicht so begeistert. Wählen Sie hier etwas Unwichtiges aus. Denn wenn Ihnen etwas Wesentliches an diesem Beruf missfällt, warum bewerben Sie sich dann überhaupt um diese Stelle? Am besten führen Sie ein oder zwei Nebensächlichkeiten an, die fast alle, die in diesem Beruf arbeiten, vermutlich auch nicht so gut finden. Tenor Ihrer Antwort sollte sein, dass Ihnen Ihr Beruf natürlich gefällt und dass dessen Schattenseiten sekundär sind. Wie immer sollten Sie auch hier eine negativ angelegte Frage so angehen, dass Sie eine positive Antwort geben können. Spielen Sie Ihre Abneigungen herunter, sodass diese belanglos und irrelevant erscheinen.

> I love this line of work and so it's hard for me to say there are areas of it that I don't like but there are some areas I enjoy less than others. They're very minor, though. For example, whilst I appreciate the importance of adhering to the requirements of all the compliance legislation, it does take up time that I would rather spend actually working with clients to find solutions to their problems. It can also be frustrating dealing with call centre staff at the banks because they rarely seem to have the knowledge or authority to resolve a situation and this is a further waste of time that could otherwise be better spent.

9. Where does your current employer think you are at the moment?

▶ What reason did you give to your current employer for your being absent to attend this interview?

▶ Why does your current boss think you're not at work right now?

Was hinter der Frage steckt

Oje, das kann wirklich eine fiese Frage sein! Ein bewusster Versuch Ihres Gesprächspartners, bei Ihnen Panik auszulösen und gleichzeitig Ihre Loyalität und Aufrichtigkeit zu hinterfragen. Er möchte unbedingt wissen, wie Sie mit der Frage umgehen. Ebenso interessiert er sich dafür, wo Sie Ihr gegenwärtiger Vorgesetzter gerade wähnt.

Ihre Antwort

Wenn Ihr Vorgesetzter weiß, wo Sie sich gerade befinden, haben Sie Glück und Ihre Antwort ist ein Kinderspiel. In den meisten Fällen wird Ihr Vorgesetzter keine Ahnung haben, weil Sie Ihr Fehlen mit irgendeiner Ausrede begründet haben.

Das Wichtigste ist, hier nicht als Lügner aufzufliegen. Wenn Sie sich für Ihren Vorgesetzten eine kleine Notlüge ausgedacht haben, um Ihre Abwesenheit zu erklären, ist das harmlos, doch es würde bei Ihrem Gesprächspartner keinen guten Eindruck hinterlassen. Ich sage es höchst ungern, doch hier gilt es, eine kleine Notlüge durch eine weitere zu verbergen.

 For obvious reasons, I haven't told my current employer about this interview. I consider it, for the time being, to be a personal matter and that's precisely what I told my boss; I would need to take a half-day today because I had a personal matter to attend to.

10. What are your current boss's weaknesses?

▶ What's the main criticism you would make of your current boss?

Was hinter der Frage steckt

Das ist eine Frage, die Dornen hat, und dessen ist sich Ihr Gesprächspartner sehr wohl bewusst. Es ist unwahrscheinlich, dass er sich tatsächlich für die Schwächen Ihres Vorgesetzten interessiert, umso mehr jedoch dafür, wie Sie Schwäche definieren. Aber wie bei so vielen der besonders heiklen Fragen möchte Ihr Gegenüber vor allem sehen, wie Sie auf die Frage reagieren.

Ihre Antwort

Machen Sie nicht den Fehler zu antworten, Ihr Vorgesetzter habe keine Schwächen. Ebenso falsch wäre es allerdings, Ihren Vorgesetzten zu stark zu kritisieren – das macht kein loyaler Arbeitnehmer. Das ist auch nicht relevant dafür, ob Sie sich für die freie Stelle eignen, außerdem ist es unprofessionell. Sie müssen diese Frage umbiegen und mit Überzeugung über eine Schwäche sprechen, die im Grunde gar keine ist.

I'd be wary of criticising my boss because I don't think it's very professional. However, everyone has their weaknesses. My boss wouldn't be in the role they're in if their strengths didn't significantly outweigh their weaknesses. If I had to cite a weakness I would say it's that they tend to bite off more than they can chew. I don't know if it's necessarily a weakness to be overly ambitious as a result, they often seem excessively busy and overworked and, inevitably, certain items slip through the net. However, the end result is probably that they get a lot more accomplished than the average person.

11. What are your current employer's plans for the year ahead?

▶ Is your current employer planning to launch any new products / services?
▶ Is your current employer planning to expand this year?

Was hinter der Frage steckt

Hier gibt es zwei denkbare Szenarien: Ihr Gesprächspartner versucht möglicherweise schlicht und einfach einzuschätzen, wie professionell Sie in Sachen Loyalität, Diskretion, Aufrichtigkeit usw. sind. Möglicherweise will er Sie aber auch bewusst nach wirtschaftlich sensiblen Informationen aushorchen. Leider ist es tatsächlich so, dass manche Vorstellungsgespräche nur ein Vorwand sind, um den Arbeitnehmern eines Wettbewerbers Informationen zu entlocken. Was für Sie im konkreten Fall zutrifft, ist wahrscheinlich schwer einzuschätzen. Das spielt aber auch nicht wirklich eine Rolle, denn in beiden Fällen sollten Sie dieselbe Antwort geben.

Ihre Antwort

Sie sollten keinesfalls vertrauliche Vorhaben Ihres gegenwärtigen Arbeitgebers ausplaudern! Sollte es Pläne für neue Produkte, Dienstleistungen usw. geben, die bereits veröffentlicht sind, können Sie selbstverständlich darüber sprechen. Doch Sie sollten jedweder Versuchung widerstehen, Ihrem Gesprächspartner irgendwelche darüber hinausgehenden Informationen zukommen zu lassen. Man lässt Sie womöglich glauben, dass es von Vorteil ist, wenn Sie aus dem Nähkästchen plaudern. Doch letztlich wird niemand jemanden einstellen, der später einmal ein Sicherheitsrisiko darstellen könnte.

 I regret that any of my current employer's plans are of course confidential and commercially sensitive. I'm naturally honour bound not to divulge details. I'm sorry. I would of course be more than happy to talk about how the business has developed over the past 12 months and the role I played in that.

12. What reservations do you have about working for us?

▶ Can you see any disadvantages to working for us?
▶ Have you ever heard anything negative about our organisation?

Was hinter der Frage steckt

Ihr Gesprächspartner stellt Ihnen hier eine Falle: Wenn er Ihre Bedenken kennt, kann er einschätzen, wie sehr Sie die Position tatsächlich reizt. Stellt Ihr Gegenüber irgendwelche Vorbehalte Ihrerseits gegenüber seiner Firma fest, bekommt er natürlich selbst gleich Bedenken, ob Ihnen wirklich so sehr daran gelegen ist, dort zu arbeiten.

Ihre Antwort

Auf diese Frage antworten Sie, dass Sie keinerlei Bedenken haben. Anschließend erläutern Sie Ihre Gründe bzw. – noch gezielter – Sie schildern erneut, was das Unternehmen so reizvoll für Sie macht.

Falls Sie sehr wohl Vorbehalte haben oder Schlechtes über das Unternehmen gehört haben, sollten Sie das auf jeden Fall für sich behalten. Allerdings sollten Sie sich dann fragen, weshalb Sie überhaupt für dieses Unternehmen arbeiten wollen, wenn Sie solche Bedenken haben.

Einige Leser werden sich nun sicher denken, dass es vertretbar sein muss, an einem potenziellen Arbeitgeber auch Dinge in Frage zu stellen und dies beim Vorstellungsgespräch höflich und in positiver Form anzusprechen. Zugegeben, dieser Gedanke kann sich einem aufdrängen. Wenn Sie diesen Weg einschlagen, sollten Sie sich aber darüber im Klaren sein, dass Sie sich hier auf sehr dünnem Eis bewegen. Ich plädiere sehr dafür, diese Frage lieber zu umschiffen.

 I don't have any reservations. I've done my research and considered the matter in detail and I have concluded that this is an excellent opportunity; one which I am eager to pursue. Yours is a rapidly growing and dynamic organisation and I am sure I will fit in well here.

13. You've been out of work for a while. Has it been difficult finding a job?

▶ Why have you been out of work for so long?

▶ Why were you out of work for so long between these two jobs?

Was hinter der Frage steckt

Falls Sie längere Zeit nicht gearbeitet haben, kann das viele verschiedene Ursachen haben. Ihr Gesprächspartner möchte den Grund dafür genau wissen und prüfen, ob dieser gegebenenfalls für Ihre Bewerbung von Belang sein könnte.

Ihre Antwort

Der gängigste Grund dafür, dass jemand eine Zeit lang arbeitslos war, ist, dass er keine Stelle finden konnte. Doch wenn Sie Ihrem Gesprächspartner das erzählen, klingeln bei diesem sofort sämtliche Alarmglocken. Es klingt brutal, aber wenn keiner Sie will, weshalb sollte sein Unternehmen es dann tun?

Sie müssen Ihre Antwort sehr sorgfältig formulieren. Es soll der Eindruck entstehen, dass Sie nicht deshalb arbeitslos waren, weil Ihr Können nicht gefragt gewesen ist, sondern weil Sie klugerweise wählerisch waren und dass genau diese freie Stelle sämtliche Ihrer Kriterien erfüllt.

Verdeutlichen Sie, dass Sie bei der Stellensuche proaktiv vorgegangen sind, dass jedoch nicht immer die passende Stelle zur richtigen Zeit zur Verfügung steht. Sie haben sich bewusst entschieden, nicht einfach nur deswegen eine neue Stelle anzutreten, um in irgendeinem Beschäftigungsverhältnis zu stehen. Seien Sie auch darauf gefasst, dass Ihr Gesprächspartner nachhakt, warum Sie aus Ihrer letzten Stelle ausgeschieden sind – sofern er dies nicht bereits getan hat.

> Whilst it wouldn't have been difficult for me to find a job, I will admit that it hasn't been easy for me to find the right job. My career path is important to me, and given that I expect to remain in my next role for a fair few years, I have felt it sensible to take a few months to explore various opportunities and make sure I am selecting one which is right for me. I plan my career carefully and it is important to me that the next step meets with my long-term career goals. I have been very selective but this particular vacancy certainly meets all my criteria.

TIPP

Neben der Schwierigkeit, eine Stelle zu finden, gibt es noch andere Gründe, weshalb man nicht in einem Beschäftigungsverhältnis stand, z. B. eine Fort- oder Weiterbildung, Kindererziehung, die Pflege eines Angehörigen, Reisen oder Krankheit. Ratschläge, wie Sie mit solchen Situationen umgehen, finden Sie auch bei den Erläuterungen zur folgenden Frage.

▶ Why is there a gap in your CV? *(siehe S. 70 ff.)*

14. What's your sickness record like?

▶ How many days did you take off sick last year and why?
▶ What would your current employer say if I asked them about your sickness record?
▶ How's your health?

Was hinter der Frage steckt

Zeit ist Geld – Ihre Zeit ist das Geld Ihres Arbeitgebers. Kein Arbeitgeber verliert gern Geld, weil Mitarbeiter krankheitsbedingt fehlen. Wenn Ihr Gesprächspartner Sie hierzu direkt fragt, will er einschätzen können, inwieweit er auf Ihre Anwesenheit zählen kann oder ob Sie eine Belastung darstellen könnten.

Ihre Antwort

Hier könnten Sie versucht sein zu sagen, dass Sie kein einziges Mal krank gewesen sind. Denken Sie bitte daran, dass Ihr Gesprächspartner hierüber durchaus Auskünfte von Ihrem letzten Vorgesetzten einholen kann, denn genau diese Art von Fakten wird gern überprüft *(siehe „Referenzen" S. 94 f.)*. Wenn Sie aufgrund einer schweren Krankheit oder eines Unfalls Fehlzeiten hatten, müssen Sie das Ihrem Gesprächspartner mitteilen: Das sollte Ihnen aber nicht peinlich sein und Sie sollten auch nicht in die Defensive gehen. Ihr Gesprächspartner sollte wissen, dass solche Dinge passieren. Solange kein Anlass für die Vermutung besteht, dass Sie alles nur vorgetäuscht haben, sollten Sie keinen Grund zur Beunruhigung haben. Und: Wenn man Ihnen hier kein Verständnis entgegenbringt, weshalb sollten Sie dann überhaupt dort arbeiten wollen? Wenn es sich um einen Unfall handelt, der sich erst vor Kurzem ereignet hat, ist es wichtig herauszustellen, dass sich die Angelegenheit inzwischen erledigt hat und Sie wieder voll einsatzfähig sind.

Generally, I have a very good sickness record. I'm rarely off work as a result of illness. I was unfortunate last year to catch flu and also to suffer a bout of food poisoning. These both kept me off work for a few days – but only a few days. I'm fit and healthy and I recover quickly. A year can easily go by without my taking a single day off sick.

15. What do you think of me as an interviewer?

▶ Do you think I'm a good interviewer?

Was hinter der Frage steckt

Eine sonderbare Frage und – in den meisten Fällen – absolut irrelevant in Bezug auf Ihre Eignung für die Stelle, um die Sie sich bewerben. Ihr Gesprächspartner bezweckt hier zweierlei:

- Er möchte Sie aus der Fassung bringen und sehen, wie Sie reagieren, wenn man Sie unter Druck setzt.
- Er möchte sehen, wie Sie mit der Herausforderung umgehen, jemanden zu beurteilen, der Ihnen offensichtlich übergeordnet ist.

Ihre Antwort

Bei dieser Frage ist es absolut angemessen, wenn Sie überrascht reagieren (schließlich sind Sie auch nur ein Mensch). Sie sollten aber dennoch nicht die Fassung verlieren. Es gilt, ruhig zu bleiben, auch wenn Sie unter Stress gesetzt werden. Es handelt sich hier um keine wirklich schwierige Frage. Man muss nur einen guten Mittelweg finden, sie zu beantworten, d.h. man darf weder übertrieben kritisch, noch übertrieben untertänig sein und sollte trotzdem etwas Sinnvolles sagen.

Well, I would say you're doing a good job of assessing my specific ability to undertake this role as well as identifying what sort of a person I am; what my character is, how I interact on a social level, what I'd be like to work with, and with questions like this, you're doing a very good job of seeing how I react when I'm put on the spot!

16.   If you were in my position, what questions would you ask?

▶ If you were interviewing someone for this job what would you most like to ask them?

Was hinter der Frage steckt

Einerseits forscht Ihr Gesprächspartner hier tatsächlich nach Fragen, an die er nicht gedacht hat, obwohl es sinnvoll gewesen wäre. Andererseits versucht er herauszufinden, wie prompt und flexibel Sie reagieren können, indem er einen unerwarteten Rollentausch inszeniert.

Ihre Antwort

Sie müssen Ihrem Gesprächspartner hier eine oder sogar mehrere mögliche Fragen präsentieren. Vermeiden Sie eine Antwort wie: „Ich denke, Sie haben bereits alles gefragt, was ich auch fragen würde."

Knifflig ist diese Frage eigentlich nur dann, wenn Sie sich nicht darauf vorbereitet haben – was allerdings auf die meisten Bewerber zutrifft. Andernfalls bietet sich hier eine ideale Gelegenheit, eine positive (vorbereitete) Antwort auf eine Frage Ihrer Wahl zu geben.

Haben Sie Ihre sieben Lieblingsfragen oder – genauer gesagt – sieben Lieblingsantworten aus dem vorherigen Kapitel *(„50 weitere klassische Fragen"* siehe S. 35) ausgewählt? Sie sollten immer eine oder zwei im Ärmel haben, die Sie bei Bedarf vorbringen können (dass ein Personalentscheider Ihnen schon alle sieben gestellt hat, ist unwahrscheinlich). Wählen Sie aber keine der Top-10-Fragen, die mit großer Wahrscheinlichkeit gestellt werden. Nehmen Sie besser auch keine heikle Frage aus diesem Kapitel!

You've already asked many of the questions that I myself would be asking. I've obviously been to a few interviews in my time, and if I had to think of a question I would ask that you haven't already asked I think I would say, what have you learned and how have you developed over the last year / five years?

17. What would be the toughest question I could ask you?

▶ What's the toughest question you've ever been asked at interview?

Was hinter der Frage steckt

Diese Frage bringt Sie in Zugzwang. Klar, sobald Ihr Gesprächspartner weiß, was die heikelste Frage ist, die man Ihnen stellen könnte, erwartet er auch eine Antwort darauf. Er sieht nicht nur, wie Sie in einer Stresssituation reagieren, sondern hofft auch, Ihre Achillesferse zu entdecken. Warum empfindet man schließlich eine Frage als heikel? Weil Sie auf einen empfindlichen Nerv trifft und damit eine Schwäche offenbart.

Ihre Antwort

Diese Frage ist nur schwierig, wenn Sie sich nicht darauf vorbereitet haben. Dass Sie Ihrem Gesprächspartner natürlich keinesfalls erzählen, was für Sie die heikelste Frage wäre, brauche ich Ihnen sicher nicht zu sagen. Hier haben Sie die Gelegenheit, Ihrem Gesprächspartner eine Frage Ihrer Wahl in den Mund zu legen, eine Frage, von der Sie wissen, dass Sie darauf eine positive und be-eindruckende Antwort liefern können.

Wählen Sie eine Frage, die tatsächlich schwierig sein könnte und die Ihnen Ihr Gesprächspartner eher nicht stellen wird. Man sollte hier drei oder vier Fragen parat haben für den Fall, dass Ihre Lieblingsfrage schon gestellt worden ist. Mein Vorschlag: Suchen Sie sich drei oder vier der etwas schwierigeren Fragen aus dem vorherigen Kapitel aus.

 I would say this question is probably one of the toughest you could ask me! Let me see … I suppose that, for me, a really tough question would be one which exposes a weakness, something along the lines of what's the worst mistake you've made at work?

18. What makes you better than any of the other candidates I'm interviewing?

▶ What would you say if I told you that you're not the best candidate I've seen so far?

▶ I don't think you've got what we need. Why should I hire you?

▶ If I told you that I don't think you're the candidate we're looking for, what would you say to try to change my mind?

▶ Do you really feel you're up to this job?

Was hinter der Frage steckt

Vielleicht konnten Sie Ihren potenziellen Arbeitgeber bisher nicht davon überzeugen, dass Sie der beste Kandidat für die Stelle sind. Oder er fordert Sie schlicht dazu auf, sich anzupreisen. Wie auch immer: Er fragt Sie nach mindestens einem Grund, weshalb er Sie und niemand anderen einstellen sollte.

Ihre Antwort

Egal, wie diese Frage genau formuliert wurde, Sie sollten so darauf antworten, als seien Sie gefragt worden: „Ich glaube nicht, dass Sie der Kandidat sind, den wir suchen. Was erzählen Sie mir, damit ich meine Meinung ändere?" Sie müssen sich darüber im Klaren sein, was den idealen Kandidaten für die Stelle ausmacht. Dann können Sie auch deutlich machen, dass Sie dieser Beschreibung entsprechen, mehr als die anderen Bewerber. Aber übertreiben Sie nicht – Sie wissen ja wahrscheinlich nichts über Ihre Mitbewerber. So eine Frage wird in der Regel gegen Ende des Vorstellungsgesprächs gestellt. Wenn Sie das Gefühl haben, dass Sie bisher eines Ihrer Alleinstellungsmerkmale noch nicht anbringen konnten, dann sprechen Sie jetzt darüber – oder nie!

I couldn't comment on other candidates for the job but I can say that I have built up a very enviable network of contacts, which I think most other candidates would find hard to beat. I have developed successful relationships with key decision makers in numerous companies and this enables me to achieve a sales conversion rate much higher than average. I believe that my previous track record is clear evidence of what I would be able to achieve for you if you decide to appoint me to the role. I'm ambitious, highly driven and I relish a challenge.

19. I think you're overqualified for this job. Don't you?

▶ What would you say if I told you I thought you were overqualified for this job?

Was hinter der Frage steckt

Ihr Gesprächspartner ist höchstwahrscheinlich bereits zu dem Schluss gekommen, dass Sie formal überqualifiziert sind. Er gibt Ihnen jedoch die Gelegenheit, dazu Stellung zu nehmen und ihm zu erklären, weshalb Sie die Stelle trotzdem möchten.

Überqualifizierung kann ein wesentliches Hindernis sein, denn der Arbeitgeber geht eventuell ein hohes Risiko ein: Sind Sie so verzweifelt, dass Sie aktuell jede Stelle annehmen, auch wenn sie Sie nicht wirklich interessiert? Werden Sie bald frustriert sein und weiterziehen? Werden Sie unter Umständen versuchen, Ihren Vorgesetzten die Position streitig zu machen? Sie sollten Ihre Bewerbung also rechtfertigen können.

Ihre Antwort

Wenn Sie für die Position theoretisch überqualifiziert sind, müssen Sie das ansprechen. Es gibt eine Reihe von möglichen Gründen für Ihr Interesse – etwa ein schwieriges Wirtschaftsklima mit einer hohen Arbeitslosigkeit und Stellenknappheit. Unabhängig von den tatsächlichen Gründen müssen Sie hier eine überzeugende Erklärung liefern, sonst ist der Bewerbungsprozess für Sie an dieser Stelle zu Ende.

Wenn Sie das Gefühl haben, gar nicht überqualifiziert zu sein, dann besprechen Sie das mit Ihrem Gesprächspartner. Wenn er Ihnen sagen kann, weshalb er Sie für überqualifiziert hält, können Sie seine Einwände besser entkräften. Vielleicht hatten Sie aber auch eine falsche Vorstellung von der Position und die freie Stelle eignet sich tatsächlich nicht für Sie.

> I realise that my last position was a management role and I certainly found that experience invaluable. However, I have concluded that what I really want to do is work directly with clients, finding solutions to their needs and subsequently delivering and implementing those solutions. I don't see this as taking a step down the ladder; it's purely a question of my seeking out a role to which I am best suited, which I will enjoy and →

> to which I will, consequently, be able to give my all. I believe my previous management experience will undoubtedly be very useful in terms of my being better able to understand the bigger picture. However, I am definitely happier and more productive in a customer-facing role.

20. What will you do if I decide not to hire you?

> ▶ What effect would it have on you if we decided not to hire you?
> ▶ How would you feel if your application for this job was unsuccessful?

Was hinter der Frage steckt

Nein, Ihr Gesprächspartner wird Sie nicht zwangsläufig ablehnen. Es handelt sich um eine weitere Stressfrage. Ihr Gegenüber interessiert sich einerseits dafür, wie Sie mit Ablehnung umgehen, und andererseits dafür, ob Sie sich gleichzeitig auch auf andere Stellen bewerben.

Ihre Antwort

Wie viele scheinbar negative Fragen bietet auch diese Ihnen Gelegenheit, sich positiv zu äußern, indem Sie Ihr Interesse an der Position bekräftigen. Dabei sollten Sie klarstellen, dass Sie keineswegs verzweifelt sind und dass Sie auch anderswo gefragt sind. Reagieren Sie nicht defensiv oder aggressiv. Bleiben Sie gelassen und beantworten Sie die Frage sachlich.

> I would be disappointed. I'm very keen to get this job. It meets all my requirements and I firmly believe that I also meet all your requirements. Yours is an organisation I can certainly see myself working well for. However, I do have a number of other applications in progress for similar roles, and if my application for this job was not successful, I would continue to pursue other opportunities. But this particular role does remain my preferred choice and I hope I have demonstrated that I would be an ideal candidate for the job.

21. What do you think the chief executive thinks of this organisation?

▶ What do you think makes a good CEO? What do you think of this organisation?
▶ What type of organisation would you like to work for?
▶ What challenges do you think lie ahead for the organisation?
▶ If you were the CEO of this organisation, what would your priorities be?

Was hinter der Frage steckt

Ihr Gesprächspartner prüft Ihre Führungs- und Managerqualitäten. Er will wissen, ob Sie imstande sind, das „große Ganze" zu sehen.

Auch wenn Sie sich nicht für eine gehobene Führungsposition bewerben: Wenn Sie verstehen, wie das Unternehmen funktioniert, zeigen Sie, dass Sie wissen, welche Rolle die zu besetzende Stelle im Gesamtunternehmen spielt. Wenn Sie sich gut auf diese Frage vorbereitet haben, sieht man Sie vielleicht von Anfang an als möglichen künftigen Kandidaten für eine Managementposition. Wenn Sie sich tatsächlich für eine solche bewerben, ist eine angemessene Antwort auf diese Frage sowieso obligatorisch.

Vielleicht möchte Ihr Gesprächspartner auch einfach nur herausfinden, wie viel Sie recherchiert haben, was Sie über das Unternehmen wissen: seinen Ruf, seine Wertvorstellungen und den Umgang mit den Mitarbeitern.

Ihre Antwort

Sie können natürlich nicht wissen, was der Firmenchef denkt. Das müssen Sie auch nicht, um zu erkennen, was wichtig ist. Sie haben jetzt die Chance, Ihrem Gesprächspartner zu zeigen, dass Sie ausgiebig recherchiert haben und über wichtige Aspekte der Unternehmensstrategie und -identität Bescheid wissen. Bisweilen lässt einem ein Unternehmen auch Informationen über sein Leitbild oder zentrale Unternehmenswerte zukommen, was natürlich sehr hilfreich ist.

Nun haben Sie die Gelegenheit zu erläutern, dass Sie genau so ein Unternehmen gesucht haben. Wenn Sie diese Frage gut beantworten wollen, sollten Sie über die aktuelle Finanzlage des Unternehmens informiert sein, über lang- und kurzfristige Strategien, die Wettbewerbssituation auf dem Markt, Expansionspläne usw.

Sie sollten auch klarmachen, was Sie dazu beitragen können, dass das Unternehmen seine Ziele erreicht. Dazu nennen Sie die Informationen aus Ihrem Lebenslauf, die für die Tätigkeitsbeschreibung der ausgeschriebenen Stelle relevant sind, und zwar die, die für den Firmenchef vermutlich am wichtigsten sind.

I can't be certain what the CEO thinks of the organisation, but I have done my research on what is important and I can make a guess as to what some of their thoughts might be. From reading your website and looking at the latest press releases, I can see that the current CEO has been with the organisation for a few years now and that the end-of-year results are showing very good growth and a solid rise in profits. Based on this, I would expect them to be positive, proud and pleased with the way things are going. I'm sure they are also excited about their plans to expand into both France and Ireland this year. There will, I am sure, be quite a number of challenges they will need to surmount, and as a software engineer with well-documented international experience, I feel confident I can develop the IT solutions needed successfully and as cost-effectively as possible.

TIPP

Personalentscheider sind in der Regel stolz auf das Unternehmen, für das sie tätig sind. Sie sollten also im Vorstellungsgespräch davon absehen, den Firmenchef oder das Unternehmen für etwas zu kritisieren, das in Ihren Augen falsch war. Selbst wenn allgemein bekannt ist, dass das Unternehmen in Schwierigkeiten steckt, sollten Sie versuchen, das konstruktiv und nicht negativ zu kommentieren.

22. How long is your long term?

> ▶ Where do you see yourself in 5 years? 10 years?
> ▶ Have you set any specific goals for the future?

Was hinter der Frage steckt

Bei dieser Frage handelt es sich lediglich um eine etwas unkonventionell formulierte Frage nach Ihren Karriereplänen. Ihr Gesprächspartner möchte wissen, wie Sie sich Ihren weiteren beruflichen Werdegang vorstellen und welche

Rolle die Branche und die Position, für die sich gerade bewerben, für Ihre langfristigen Karriereziele spielen.

Gleichzeitig möchte Ihr Gesprächspartner wissen, wie ehrgeizig Sie sind. Es ist nichts Negatives dabei, wenn Sie signalisieren, dass Sie auf der Karriereleiter aufsteigen wollen.

Ihre Antwort

Nachdem Sie jetzt wissen, dass es sich tatsächlich um eine sinnvolle Frage handelt, können Sie sich beruhigt eine Antwort ausdenken. Je nach Situation kann „langfristig" alles zwischen einem und zehn Jahren bedeuten. Das entscheiden Sie allein!

> With this being my first position as a graduate, I am really keen on learning as much as possible from more experienced colleagues. My long-term goal is to progress into a management role in, say, five to seven years' time. From looking at your website and from what I have heard from others you offer many opportunities for development, but I fully recognise that it will take some time before I am ready to move into management.

23. What would you do if you caught a member of staff kissing the boss?

▶ What would you do if you saw a colleague out on the town when they were supposed to be on sick leave / saw someone taking stationery and putting it into their own bag?

▶ How would you deal with a colleague you caught stealing stationery from your workplace?

Was hinter der Frage steckt

Es gibt eine Reihe von Gründen, weshalb diese Frage gestellt werden könnte, je nachdem, für welche Position Sie sich bewerben und welche persönlichen und beruflichen Kompetenzen Ihr Gesprächspartner ausloten will, z. B. Führungsqualitäten, gesunden Menschenverstand, Seriosität oder Personalmanagement. Da sich viele dauerhafte Beziehungen am Arbeitsplatz anbahnen – was aber offiziell nicht gern gesehen wird –, kann der Umgang mit einer solchen Situation tatsächlich für alle Beteiligten eine Herausforderung sein.

Ihre Antwort

Sie müssen deutlich machen, dass Sie nicht in Panik geraten würden, dass Ihnen bewusst ist, welche Position Sie innehaben und wo Ihre Autorität endet, dass Sie sich die Zeit nehmen würden, alle Handlungsoptionen auszuloten und die möglichen Konsequenzen zu bedenken, und dass Sie eine diplomatische Entscheidung treffen können. Sie bewegen sich hier auf einem schmalen Grat: Sie müssen diskret sein und gesunden Menschenverstand walten lassen. Es ist gar nicht so einfach, wie es zunächst klingt: Ist der Mitarbeiter oder die Mitarbeiterin ein Kollege / eine Kollegin und haben Sie denselben Vorgesetzten / dieselbe Vorgesetzte? Handelt es sich um einen männlichen Vorgesetzten und eine weibliche Mitarbeiterin oder umgekehrt? Scheint die Situation einvernehmlich oder wirkt sie erzwungen? War Alkohol mit im Spiel? Ist der Mitarbeiter / die Mitarbeiterin Ihnen unterstellt und Sie wiederum dem Vorgesetzten? Spielte sich alles am Arbeitsplatz ab oder bei der Weihnachtsfeier? Ist es eine Büroromanze, von der alle außer Ihnen bereits wissen?

Die meisten Unternehmen sehen Beziehungen am Arbeitsplatz nicht gern und haben Richtlinien für den Umgang damit. Allerdings lässt es sich juristisch nicht verbieten. Wir verbringen einen Großteil unseres Lebens mit unseren Arbeitskollegen; gute zwischenmenschliche Beziehungen und vielleicht ab und zu eine kleine Schwärmerei machen das Arbeitsleben angenehmer.

 That would be a very tricky situation to deal with and would present anyone with a difficult dilemma. In one sense, it would be none of my business, but someone might think I had a responsibility to raise the subject with the person themselves or with someone else in the organisation. What I think I would initially do is take myself away from the situation without getting involved. I would then take some time to consider the pros and cons and maybe discuss it with someone outside of work. What I would not do is discuss it with a colleague. Basically, I don't think I would raise it with the person concerned or with anyone more senior without very careful consideration of the impact this might have. There really isn't a simple answer.

24. Describe yourself in three words

▶ How do you think your colleagues view you?
▶ What sort of person are you in a nutshell?
▶ Describe your main strengths.
▶ Tell me three qualities that you would bring to this organisation.

Was hinter der Frage steckt

Das ist eine sehr gängige Frage, vor allem bei Vorstellungsgesprächen, bei denen es um eine Managementposition geht. Das heißt aber nicht, dass Sie sonst nie gestellt wird. Man möchte hier herausfinden, ob sich der Bewerber selbst realistisch einschätzt, ob ihm klar ist, wie er auf andere wirkt. Die Antwort auf diese Frage kann auch darüber Aufschluss geben, ob ein Bewerber so gründlich recherchiert hat, dass er weiß, welche Eigenschaften für diese spezielle Position am wichtigsten sind.

Ihr Gesprächspartner wird versuchen einzuschätzen, ob Sie sich für die Position eignen – in Bezug auf Ihre Kooperationsfähigkeit, Ihre Denkweise, Ihre Führungsqualitäten, Ihr bevorzugtes Arbeitsumfeld, Ihren Umgang mit Druck usw.

Denken Sie daran, dass Ihr potenzieller Arbeitgeber nur an Ihren Kompetenzen und Eigenschaften interessiert ist, die für die Position von Belang sind.

Ihre Antwort

Ihr Gesprächspartner möchte etwas über Ihre Stärken in Bezug auf die Stelle erfahren. Sehen Sie sich bei der Vorbereitung auf das Vorstellungsgespräch das Anforderungsprofil und die Tätigkeitsbeschreibung an und notieren Sie, welche Verhaltensweisen und Eigenschaften gefragt sind. Stellt man Ihnen im Vorstellungsgespräch dann diese Frage, können Sie die Stärken und Eigenschaften herausstellen, die gut zu der offenen Position passen.

Sie müssen sorgfältig überlegen, welche Adjektive Sie hier nennen und warum. Die Schwierigkeit besteht darin, dass Sie sich hier nicht ausführlich beschreiben können, sondern dass Sie drei einzelne Adjektive finden müssen, mithilfe derer Sie Ihre Eignung zusammenfassen. Welche Sie wählen, hängt von Ihrer Persönlichkeit sowie von der ausgeschriebenen Position ab.

- ▶ Outgoing, creative, innovative (marketing executive, events coordinator)
- ▶ Analytical, problem solver, collaborative (computer programmer, engineer)
- ▶ Knowledgeable, caring, responsible (nurse, care worker)
- ▶ Tenacious, friendly, focused (direct sales, call centre worker, sales management)
- ▶ Organised, analytical, driven (project manager)
- ▶ Dedicated, structured, strong (retail manager)
- ▶ Reliable, flexible, organised (administrator)
- ▶ Authoritative, passionate, organised (teacher)

TIPP

Vermeiden Sie Adjektive, die zwar positiv sind, die bei einer Selbstbeschreibung aber einen schlechten Eindruck hinterlassen könnten, z. B. „*intelligent*" (das sollten andere verwenden, wenn sie Sie beschreiben, aber nicht Sie selbst), „*successful*" (das ist zu viel des Guten, sagen Sie lieber „*accomplished*"), „*humble*" (Prahlen Sie nicht mit Bescheidenheit!).

25. Would you rather know a lot about a little or a little about a lot?

- ▷ Are you a stickler for detail or do you prefer to take an overview?
- ▷ What kind of manager do you prefer – someone who offers hands-on support or someone who leaves you to get on with your work?

Was hinter der Frage steckt

„Der Spezialist arbeitet für den Allrounder." Hier geht es darum, ob Sie sich als Spezialisten, als Experten auf Ihrem Gebiet, sehen oder als jemanden, der über breit gestreute, aber oberflächliche Kenntnisse auf sehr vielen Gebieten verfügt, also als Generalisten.

Bei eher fachorientierten Positionen, wo man nicht so viel mit Menschen zu tun hat, erwartet man von Ihnen die Antwort, dass Sie lieber ein Fachmann wären. Sind in Ihrer Position jedoch Kundenorientiertheit oder Mitarbeiterführung gefragt und damit soziale Kompetenz, zieht man vermutlich ein brei-ter angelegtes, aber oberflächlicheres Wissen vor. Manche Positionen erfor-dern beides. Mittlere Führungskräfte sind oft ehemalige Experten, die ihren Blickwinkel weiten müssen. Und hochrangige Führungskräfte sehen nurmehr das große Ganze und verlassen sich auf das Expertenwissen ihrer Spezialisten.

Ihre Antwort
Wie Sie hier antworten, hängt von der Stellenbeschreibung und Ihrem Lebens-lauf ab. Sind Sie ein Allrounder? Sind Sie ein Spezialist? Oder irgendetwas da-zwischen?

> For this role, I think the best candidate would be one who takes more of an overview rather than obsessing over the finer details. I think of myself as someone who can get on with anyone. My experience as an events co-ordinator has required a great deal of customer-facing work and I believe I have the strong communication skills this role needs. I am also used to working towards goals and targets as part of my work in sales; another area where you quickly have to be able to build rapport around whatever subjects the clients want to talk about, so knowing a little about a lot has been very beneficial to me in the past and I anticipate it will carry on working well for me in the future.

50 weniger
häufige Fragen –
Gefahr erkannt, Gefahr gebannt!

Besser ist es, vorbereitet zu sein

Ein Teil der folgenden Fragen sind mehr oder weniger Varianten von Fragen, die ich bereits erläutert habe. Doch einige kennen Sie ganz sicher noch nicht. Und auch wenn die Wahrscheinlichkeit, dass sie Ihnen gestellt werden, geringer ist als bei anderen Fragen: Es kann nicht schaden, darauf vorbereitet zu sein!

1. Can you tell me what you enjoy about your current job?

▶ What do you like about your current job?
▶ What do you find most satisfying about your current job?

Was hinter der Frage steckt

Ihren Gesprächspartner interessiert, was Ihnen an Ihrer aktuellen Tätigkeit am besten gefällt. Er versucht einzuschätzen, ob Ihnen die neue Position zusagen könnte und ob Sie auf die Stelle passen – oder eben auch nicht.

Ihre Antwort

Das Beste an Ihrer aktuellen Stelle ist Ihrer Meinung nach das Gehalt am Monatsende? Selbst wenn das so sein sollte, ist das natürlich keine gute Antwort. Es reicht hier auch nicht zu sagen, dass Ihnen die meisten Aspekte an Ihrer Tätigkeit gefallen. Sie müssen vielmehr anhand von konkreten Beispielen deutlich machen, dass Sie die Idealbesetzung für die freie Stelle sind. Überlegen Sie mal: Welche wesentlichen Aufgaben, Pflichten oder Verantwortungsbereiche haben Ihre momentane Tätigkeit und die neue Stelle gemeinsam? Darauf müssen Sie sich in Ihrer Antwort konzentrieren! So bekommt Ihr Gesprächspartner das Gefühl, dass Ihnen auch in der neuen Position bestimmte Aufgaben gefallen werden und Sie deshalb dort gute Leistungen abliefern werden.

 That's a difficult question because there's a lot I like about my current job. I want to move on because I'm looking for a new and greater challenge not because I dislike my current job. But I'd say that I enjoy giving direct support to senior management in a way that really makes a difference. The contribution I make is vital to their ability to make key financial decisions, which ultimately influence the overall success of the business. I enjoy the challenge, I enjoy the responsibility and I enjoy the methodical and precise approach which is necessary for me to deliver the information that management rely upon.

 TIPP

Sprechen Sie nicht über Aufgaben, die für die zu besetzende Stelle keine Rolle spielen. Das bringt Sie nicht weiter, sondern schadet Ihnen womöglich nur.

2. What will you remember most about your last job?

▶ Can you tell me what you enjoy about your current job?
▶ What is the best thing about your current job?

Was hinter der Frage steckt

Auch mit dieser Frage will man herausfinden, was Ihnen an Ihrer gegenwärtigen Tätigkeit am besten gefällt. Man hinterfragt, weshalb Sie sich verändern wollen, und möchte sich vergewissern, dass Sie sich für die Position eignen. Die Umstellung von einer Stelle auf die nächste kann schwierig sein. Ihr Gesprächspartner möchte sicherstellen, dass beide Seiten keine bösen Überraschungen erleben und Sie Ihre Entscheidung später nicht bereuen.

Ihre Antwort

Denken Sie positiv! Erzählen Sie hier nichts Negatives. Es wird nicht gut ankommen, wenn Sie Ihrem Gegenüber mitteilen, dass Ihr Vorgesetzter Ihrer Erinnerung nach leicht sadistisch veranlagt war. Man gibt Ihnen hier eine wunderbare Gelegenheit, Gutes über sich zu sagen. Also nutzen Sie die Chance, etwas über sich mitzuteilen, das für Sie als Mitarbeiter spricht.

What I'll remember most is the team I work with. They're an outstanding team and I'm proud to have been a member. We've achieved an awful lot together, increasing production by over 20 per cent in the past year and, consequently, winning the Team of the Year award. There's a great sense of cohesion and whilst we all have our individual characters, we work very well together. I really enjoy the team spirit. Over time, the other team members have become increasingly dependent on me, as the most senior member of the team, and this is another reason why I feel the time is clearly right for me to step up to a team leader role.

TIPP

Etwas, das mit der freien Stelle nichts zu tun hat, sollten Sie hier unerwähnt lassen. Ihr Gegenüber könnte an Ihrer Bewerbung zu zweifeln beginnen oder – noch schlimmer – Bedenken bekommen, dass ein Wechsel Ihnen später womöglich leidtäte.

3. Is this the first time you have made an effort to move away from your current employers?

▶ Have you been tempted to leave your current employers before?

Was hinter der Frage steckt

Ihr potenzieller Arbeitgeber sucht hier nach den Motiven für Ihren Jobwechsel und gewinnt damit noch mehr Einblick in Ihre Karriereplanung. Er möchte verstehen, was in Ihnen vorgeht.

Ihre Antwort

Auf den ersten Blick ist das eine geschlossene Frage, die sich mit „Ja" oder „Nein" beantworten lässt. Tatsächlich ist es etwas komplizierter. Zunächst müssen Sie entscheiden, ob Sie hier wahrheitsgemäß antworten möchten – das liegt an Ihnen. Und egal, ob sie mit „Ja" oder „Nein" antworten: Sie sollten Ihre Antwort begründen und die Begründung auch rechtfertigen. Wenn dies Ihr erster Versuch ist zu wechseln, warum haben Sie nicht schon vorher daran gedacht? Wenn Sie es schon früher versucht haben, warum sind Sie dann doch geblieben?

No, it's not the first time I've considered moving on. An opportunity did previously arise via my network. However, at the time I still felt sufficiently challenged in my role and still had plenty of things I wanted to achieve. So I declined the offer. Clearly, things are different now and I feel ready to embrace a new challenge.

TIPP

Wenn Sie antworten, dass Sie tatsächlich schon früher an einen Jobwechsel gedacht haben, dann werden Sie wahrscheinlich gefragt, warum Sie geblieben sind. Kommen Sie dem zuvor und erläutern Sie Ihre Beweggründe gleich selbst.

4. How do you feel about the possibility of leaving your current job?

▶ Is leaving your current job really the best decision?
▶ Are you sure you want to leave your current job?

Was hinter der Frage steckt

Ihr potenzieller Arbeitgeber möchte wissen, warum Sie die Stelle wechseln wollen, ob Sie Zweifel hegen, die später in Bedauern umschlagen könnten. Ihre Antwort gibt Aufschluss darüber, wie ernst es Ihnen mit dem Stellenwechsel ist. Möchten Sie sich wirklich verändern oder verschwendet Ihr Gesprächspartner mit Ihnen nur seine Zeit?

Ihre Antwort

Sie können schon sagen, dass Sie es durchaus bedauern, Ihre Stelle zu verlassen; Sie sind ja auch nur ein Mensch. Aber Sie müssen Ihrem Gegenüber unbedingt klarmachen, warum Sie sich verändern möchten. Betonen Sie, dass Sie nach einer größeren Herausforderung und besseren Entfaltungsmöglichkeiten suchen, dass Sie vorankommen und sich weiterentwickeln möchten und – sofern das zutrifft – weiter auf der Karriereleiter hochklettern wollen.

TIPP

Erinnern Sie sich noch an die ähnliche Top10-Frage? Was haben Sie darauf geantwortet?

▶ Why do you wish to leave your current position? *(siehe S. 22)*

I'll naturally be sad to leave behind many colleagues with whom I get on extremely well. That's an inevitable aspect of moving to a new and different job. But I'm mainly feeling very positive about my decision to want to move on. In my current role, I've learned all that I can reasonably learn within the organisation and I'm more than ready for a new and greater challenge. I'm very keen to achieve further professional development and this move will enable me to attain my goals. It's very much the right decision so I'm looking forward to the future rather than looking back to the past.

5. How would you describe your current employer?

▶ What is your relationship like with your current employer?

Was hinter der Frage steckt

Ihr Gesprächspartner interessiert sich vermutlich gar nicht in erster Linie für Ihren momentanen Arbeitgeber. Er möchte vielmehr Ihre Gründe für den angestrebten Jobwechsel besser begreifen.

Ihre Antwort

Bei dieser Frage geht es um Ihren Arbeitgeber und nicht um Ihren direkten Vorgesetzten. Liefern Sie eine kurze, halbwegs freundliche Beschreibung und – vor allem – stellen Sie sich als geschätztes Belegschaftsmitglied dar. Vermeiden Sie Negatives, das würde letztlich auf Sie selbst zurückfallen. Also keine abfälligen Kommentare, aber auch keine übertriebenen Loblieder – wenn Ihr Arbeitgeber so fantastisch wäre, weshalb sollten Sie dann wegwollen? Ein guter Mittelweg kann es sein, leichte Kritik anzubringen. Antworten Sie nicht zu einsilbig, sonst hält man Sie für unkommunikativ oder – noch schlimmer – man denkt, Sie wollen etwas verbergen.

> I have no complaints. I'm happy with the way they operate and with the way they treat me and the way they treat their staff in general. They're good employers. They've taught me a lot; I've gained a lot of experience and I feel appreciated by them for the results I achieve and, generally, as a member of their team. I do feel that they're perhaps not as fast moving and progressive as they could be, which is probably my main reason for wishing to move on and join an organisation such as yours.

6. Wouldn't you be better suited to working in a larger / smaller organisation?

▶ Wouldn't you be better suited to working in a different type of organisation?
▶ Wouldn't you be better suited to working for another organisation?

Was hinter der Frage steckt

Sagt man Ihnen mit dieser Frage nur höflich ab? Oder ist es nur ein weiterer Reaktionstest? Diese auf den ersten Blick negative Frage ist tatsächlich oft ein ermutigendes Zeichen. Vielleicht müssen Sie nur noch eine einzige Hürde meistern und dann könnte die Stelle Ihnen gehören.

Ihre Antwort

Die Frage lässt sich generell auf zweierlei Arten beantworten. Sie können entweder fragen, weshalb man Ihnen eine derartige Frage stellt, und anhand der Antwort etwaige Bedenken zerstreuen. Dazu müssen Sie aber schlagfertig reagieren. Einfacher ist es, mit einer vorbereiteten Antwort zu untermauern, warum Sie glauben, dass diese Firma genau die Richtige für Sie ist.

 TIPP

Auch hier können Sie an eine der Top-10-Fragen anknüpfen und herausstellen, was Sie konkret an dem neuen Arbeitgeber reizt. Lob ist erlaubt.

▶ Why do want to work for this organisation? *(siehe S. 25)*

 It's true to say that I have generally worked for larger companies. However, whilst larger companies have certain advantages over smaller ones, they also have certain disadvantages. Your company may not be the biggest in the sector but you clearly have a reputation as one of the most progressive. The company is evolving and developing rapidly, undoubtedly helped by the fact that you are smaller than some others. It makes you more manoeuvrable. I'd like to play a part in capitalising on that manoeuvrability to help the company become one of the biggest in the sector. I want to work for an organisation which is forward-thinking and isn't afraid to tackle new challenges, unlike some of the larger companies I have previously worked for.

TIPP

Lassen Sie sich nicht verunsichern! Reagieren Sie nicht eingeschüchtert oder defensiv!

7. How do you feel this vacancy differs from your current role?

▶ What do you think makes this position different from your last one?

Was hinter der Frage steckt

Einem erfahrenen Personalentscheider geht es hier wieder darum herauszufinden, was Sie an der Stelle reizt und weshalb Sie in der zu besetzenden Position nicht nur bestehen, sondern über sich hinauswachsen werden.

Ihre Antwort

Egal, wie viele Unterschiede es zwischen Ihrer jetzigen (oder vorherigen) Position und der, für die Sie sich bewerben, geben mag, Ihre Antwort muss sich um die Aspekte der neuen Stelle drehen, die sie am meisten reizen oder die eine interessante Herausforderung darstellen. Erläutern Sie mindestens zwei oder drei positive Aspekte. Hier ein nützlicher kleiner Trick: Formulieren Sie so, als seien Sie bereits beim neuen Unternehmen angestellt und gehörten zum Team.

There are a number of differences. In particular, there's the challenge of the new international markets we'll be expanding into. I'm looking forward to working with clients beyond just the UK. I'll also have considerably more autonomy and responsibility for managing my own workload, which will make my day-to-day working life a whole lot more rewarding. And, of course, I'll be learning and helping to develop an entirely new database system, which is something I particularly enjoy.

TIPP

Seien Sie darauf gefasst, dass Ihr potenzieller Arbeitgeber nachhakt.

8. What reservations do you have about your ability to undertake this job?

▶ Do you have any reservations about your ability to undertake this job?
▶ What reservations do you have about working for us?

Was hinter der Frage steckt

Diese Frage klingt vielleicht harmlos, sie ist es aber nicht. Wer Ihnen Bedenken in Bezug auf Ihre Fähigkeiten unterstellt, zielt darauf ab, Ihre Schwächen zu entlarven. Grundsätzlich ist diese Frage so etwas wie eine Falle. Wenn Sie irgendwelche Zweifel äußern, wird Ihr potenzieller Arbeitgeber dann auch seinerseits welche hegen.

Ihre Antwort

Auch hier kann die Antwort nur lauten, dass Sie keinerlei Bedenken haben. Natürlich müssen Sie Ihrem Gegenüber erklären, weshalb das so ist. Wieder einmal gilt: Nutzen Sie diese Frage, um sich selbst zu verkaufen.

I don't have any reservations about my ability to undertake the role. I trust I've demonstrated how my background and my experience have enabled me to develop the precise skills you are looking for and that I'm a perfect match for the job description you've outlined. I feel entirely ready and able for the challenge.

TIPP

Sollten Sie tatsächlich Zweifel in Bezug auf Ihre Fähigkeiten haben, ist jetzt definitiv nicht der richtige Zeitpunkt, diese zuzugeben.

9. Can you describe your ideal working environment to me?

▶ Which of your previous working environments was the best?

Was hinter der Frage steckt

Ihr Gesprächspartner fragt Sie nach Ihren Idealvorstellungen. Es geht ihm darum, wie nahe Ihr Ideal den realen Gegebenheiten in seinem Unternehmen kommt. Man prüft hier, ob Sie und die freie Stelle kompatibel sind. Dessen sollten Sie sich bewusst sein, damit Sie Ihrem Gegenüber keine Argumente liefern, die gegen Sie sprechen.

Ihre Antwort

Wie viel wissen Sie über das Arbeitsumfeld in dem Unternehmen, bei dem Sie sich bewerben? Auch wenn es banal klingt, genau darum geht es. Mit etwas Glück haben Sie im Lauf des Vorstellungsgesprächs bereits einige nützliche Informationen erhalten, auf die Sie sich nun beziehen können. Wenn nicht, dann bemühen Sie sich um eine relativ allgemeine Beschreibung.

My ideal working environment is one where there's a good sense of team spirit. A strong work ethic is obviously important but the human side is also important. I enjoy working with people who have a decent sense of humour and who, whilst they might take their work very seriously, don't necessarily take themselves overly seriously. I like people who are down to earth but who have a dynamic and progressive approach to their work. I really enjoy working as part of a highly committed and professional team.

TIPP

Was Sie nicht tun sollten: Ihr ideales Arbeitsumfeld exakt so zu beschreiben, wie Ihr Gesprächspartner Ihnen das Arbeitsumfeld in seinem Unternehmen geschildert hat. Dann würden Sie wirklich als Schleimer dastehen!

10. How do you feel we compare to our competitors?

▶ How would you rate us against our competitors?
▶ What advantages do you feel we have over our competitors?

Was hinter der Frage steckt

Ihr Gesprächspartner ist hier nicht auf Komplimente aus. Er interessiert sich vor allem dafür, ob Sie Ihre Hausaufgaben gemacht haben und seine Wettbewerber gut kennen. Außerdem ist er natürlich neugierig, was ein Außenstehender über sein Unternehmen und dessen Konkurrenz denkt.

Ihre Antwort

Diese vielleicht etwas knifflige Frage gibt Ihnen die Gelegenheit, Ihr Gegenüber mit Ihrem Wissen über sein Unternehmen und die Branche allgemein zu beeindrucken. Machen Sie in Ihrer Antwort deutlich, dass Sie viel lieber für das Unternehmen Ihres Gesprächspartners arbeiten würden als für einen seiner Wettbewerber. Aber Sie müssen schon überzeugend klingen und nicht so, als schmierten Sie Ihrem Gegenüber nur Honig um den Bart. Was unterscheidet dieses Unternehmen Ihrer Ansicht nach von seinen Wettbewerbern? Weshalb möchten Sie dort arbeiten und nicht bei einem Konkurrenten? Führen Sie mindestens einen positiven Unterschied zwischen Ihrem potenziellen neuen Arbeitgeber und seinen Wettbewerbern an. Sprechen Sie auf gar keinen Fall über etwas, das nicht zu 100 Prozent positiv ausfällt!

In conducting my market research when embarking on my job hunt, I took a close look not only at your company but also at your competitors. I'm aware that some of your competitors have a larger market share, higher turnover and higher profits, but what struck me about your company was its outstanding reputation for customer service and customer care. Some of your competitors may have a larger share of the market for the time being, but judging by the number of disgruntled customers posting their comments on the Internet, I'm convinced that I can work with you to ensure that we end up overtaking them. You've clearly focused on quality and reputation above all else, knowing that if you get this right then the profits will follow. That's a strategy I agree with wholeheartedly.

TIPP

Wenn Sie etwas sagen, das Sie nicht untermauern können, bewegen Sie sich bei einer solchen Frage auf sehr dünnem Eis – insbesondere wenn nachgehakt werden sollte. Auch hier ist es absolut unerlässlich, dass Sie sich vor dem Vorstellungsgespräch gründlich informieren.

11. What would you say is our unique selling point (USP)?

- ▶ What is our USP?
- ▶ What makes us different from all our competitors?
- ▶ What makes us stand out by comparison to our competition?
- ▶ What makes our organisation unique?

Was hinter der Frage steckt

Diese Frage folgt der vorherigen auf dem Fuß. Auch hier will Ihr Gesprächspartner prüfen, was Sie über sein Unternehmen und seinen Platz innerhalb der Branche wissen.

Ihre Antwort

Wenn Sie das Alleinstellungsmerkmal des Unternehmens nicht kennen, dann verdienen Sie die freie Stelle nicht. Die meisten Unternehmen haben Marketingabteilungen, die mit viel Aufwand jedem, der es wissen will, mitteilen, was das Unternehmen ausmacht. Sagen Sie daher einfach, was Sache ist!

Aber (es gibt ja immer ein „Aber"): Sie könnten Ihrem Gegenüber auch erzählen, was Sie über das vom Unternehmen präsentierte Alleinstellungsmerkmal wissen und das dann Ihrer persönlichen Einschätzung gegenüberstellen – natürlich nur, wenn hier ein Unterschied besteht. Das ist eine erweiterte Strategie, die ich Ihnen empfehle, wenn Sie beispielsweise selbst im Marketing tätig sind. Schließlich lautete die Frage: „Was ist *Ihrer Meinung nach* unser Alleinstellungsmerkmal?"

The USP you clearly communicate to customers is that the food you produce is entirely handmade and natural and totally avoids any artificial additives and preservatives common to so much of the pre-prepared and 'fast' food on the market today. I'd certainly not disagree with that, but I think a further USP and one which you could very possibly benefit from promoting is the fact that, unlike all your competitors, you have traditional ovens in all your shops and all baked products, right the way down to the bread for the sandwiches, are baked fresh every day on site.

TIPP

Diese Frage kann man leicht missverstehen. Wenn Sie unsicher sind, ob Sie Ihr eigenes Alleinstellungsmerkmal nennen sollen oder das des Unternehmens, dann bitten Sie einfach um Klärung! Sollte Ihr Gegenüber Sie noch nicht nach Ihrem USP gefragt haben, könnten Sie ihm damit nahelegen, dies noch zu tun. Wie Sie mit der Frage nach Ihrem USP umgehen, lesen Sie im Kapitel zu den Top-10-Fragen.

▶ What can you, above all the other applicants, bring to this job? *(siehe S. 31)*

12. What would be your analysis of the current trends in our industry / sector?

▶ What do you see as the most important trends in our industry / sector?

Was hinter der Frage steckt

Haben Sie Ihre Hausaufgaben gemacht? Ein ernst zu nehmender und engagierter Bewerber wird eine umfassende Antwort auf diese Frage liefern können. Ein schlecht vorbereiteter Bewerber wird von dieser Frage vermutlich überrumpelt und ggf. vom Personalentscheider ausgesiebt.

Ihre Antwort

Die Frage bereitet Ihnen sicher keinerlei Probleme, denn Sie sind ja ein ernst zu nehmender und engagierter Bewerber! Sie sollten sich regelrecht darüber freuen: Jetzt haben Sie Gelegenheit, Ihre große Show abzuziehen und mit Ihrem recherchierten Hintergrundwissen zu glänzen. Es kommt natürlich darauf an, für welche Position Sie sich bewerben, aber in der Regel geht es darum, dass Sie verstehen, was Sache ist. Denken Sie daran: Bei dieser Frage geht es konkret um Ihre Analyse, um Ihre persönliche Stellungnahme.

> In terms of the marketplace, there's a lot more poaching and raiding than there used to be, and whilst I and many others see that as somewhat unethical, it's clearly something we're going to have to contend with, like it or not. On an operational basis, there's obviously a significant amount more outsourcing going on and this is clearly set to increase in the future as pressures increase to cut costs and to focus on core strengths. It's not necessarily a bad thing just so long as quality standards can be maintained. And, of course, the biggest trend has to be the increase in e-recruitment. This is having a dramatic impact on the sector, causing companies to have to evolve more and more rapidly in order to keep up with their competitors.

13. What aspects of your career path would you like to have been different?

▶ If you were just starting out in your career again, what would you do differently?

▶ How do you feel about your career path to date?

Was hinter der Frage steckt

Ganz einfach: Ihr Gegenüber fragt nach Ihren Irrtümern und Fehlschlägen. Denn so erfährt er zwangsläufig viel über Sie, zum Beispiel, was Sie bedauern.

Ihre Antwort

Jeder hat Erfahrungen im Leben gemacht, auf die er gut und gern hätte verzichten können. Aber, gehen wir mal davon aus, dass Sie zufrieden mit Ihrem momentanen Karriereverlauf sind – dann ist es müßig, etwas Vergangenes zu bedauern, und noch müßiger, Ihrem Gesprächspartner etwas, das in diese Richtung geht, zu sagen. Sie sitzen schließlich vor einem Personalentscheider, nicht vor einem Psychotherapeuten, dem Sie Ihr Herz ausschütten. Sie haben nichts zu gewinnen, aber viel zu verlieren, wenn Sie eventuelle Enttäuschungen eingestehen. Wenn Sie allerdings behaupten, dass Sie alles wieder genau so machen würden, klingt das etwas unglaubwürdig.

Wie also beantworten Sie diese Frage? Sagen Sie zum Beispiel, dass Sie auf die ein oder andere Weise Ihre aktuelle Position schneller hätten erreichen können als es tatsächlich der Fall war, aber dies aus dem ein oder anderen Grund nicht möglich war. Oder Sie erklären, dass Sie bisher zufrieden waren mit dem Verlauf Ihrer Karriere, nun aber eine Veränderung angesagt sei und es ein Fehler wäre, auf Ihrer bisherigen Stelle zu verharren. Es liegt an Ihnen, doch ich persönlich würde eher die erstgenannte Strategie empfehlen.

I'm very pleased with the path my career has taken to date. I've made a series of conscious decisions that have led me to where I am and to be sitting before you today. If there was any aspect of my career path that I would like to have been different then it would probably be to have embarked on my MBA a little earlier. That's easy to say now but, at the time, with the workload I had to manage, it simply wasn't physically possible for me to take on my MBA any earlier and attempting to do so would most likely have been detrimental both to my MBA and to my ability to perform my job.

TIPP

Äußern Sie keine Kritik an anderen Personen oder anderen Unternehmen in Bezug auf Ihre berufliche Laufbahn. Vermeiden Sie Negatives!

14. What are your greatest regrets about the path your career has taken?

▶ If you were just starting out in your career again, what would you do differently?

▶ How do you feel about your career path to date?

Was hinter der Frage steckt

Ähnlich wie bei der vorherigen Frage sucht Ihr Gesprächspartner auch hier nach Hinweisen auf Irrtümer, Fehlschläge oder Bedauern Ihrerseits, und zwar noch viel direkter als zuvor. Er geht davon aus, dass Sie tatsächlich manches bedauern und hofft, etwas Aufschlussreiches zu erfahren.

Ihre Antwort

„Was Sie am meisten bedauern" – hier geht es um Gefühle. Geben Sie auf keinen Fall eine emotionale Antwort. Die Frage ist zwar viel direkter als die vorherige, aber trotzdem in vielerlei Hinsicht leichter zu beantworten. Zählen Sie keinesfalls auf, was Ihnen am meisten leidtut. Sie sagen einfach, dass Sie nichts zu bedauern haben. Diese Frage können Sie einfach umschiffen, ohne dass es auffällt.

> I don't think I have any specific regrets about the path my career has taken, let alone any major regrets. I'm very pleased with the path my career has taken to date. I wouldn't say that my career has taken a path so much as that I've consciously steered my career down a certain path. All of the decisions I've made along the way have been for specific reasons and, ultimately, those decisions have led me to where I am today. There are, of course, certain things I could perhaps have done differently, but there's certainly nothing I actually regret in any way.

TIPP

Sollte Ihr Gegenüber nachhaken, dann greifen Sie auf die Antwort zurück, die Sie auf die vorherige Frage vorbereitet haben. Wurde diese bereits gestellt, dann verweisen Sie auf Ihre bereits gegebene Antwort, wiederholen diese gegebenenfalls und betonen dabei, dass es wirklich nichts zu bedauern gibt.

15. What has been the greatest challenge you have faced in your career to date?

▶ What is the greatest challenge you have faced in your current job?
▶ What has been your greatest achievement / accomplishment? *(siehe S. 29)*

Was hinter der Frage steckt

Große Herausforderungen können erfolgreich gemeistert werden oder eben auch nicht. Lassen Sie sich hier nicht überrumpeln! Auf jeden Fall erfährt derjenige, der die Frage stellt, entweder von einem interessanten Erfolgserlebnis oder einem Fehlschlag.

Ihre Antwort

Stellen Sie sich einfach vor, Sie würden auf die Top-10-Frage nach Ihrer größten Leistung / Ihrem größten Erfolg antworten. Ihre größte Leistung / Ihr größter Erfolg war ja sicher auch eine große Herausforderung für Sie. Ansonsten hätten Sie ja keinen Grund, stolz darauf zu sein!

Sollte man Ihnen diese Frage bereits gestellt haben, verweisen Sie am besten auf Ihre Antwort und sprechen über eine andere bedeutende Herausforderung. Wie bei vielen anderen Fragen ist es auch hier gut, eine zweite Antwort parat zu haben. Gehen Sie möglichst auf eine Herausforderung ein, die Sie erst kürzlich bewältigt haben. Gehen Sie nicht zu weit in die Vergangenheit zurück.

The greatest challenge I've faced in my career to date has to be the key role I played in helping my company survive the recent recession. The company was undoubtedly ill prepared for the advent and impact of the recession; their financial reserves were just too weak. After a spate of redundancies, those of us who were left faced an uphill struggle to keep sales levels up and the costs down whilst maintaining our standards of customer service. I learned a great deal from the experience. Whilst we certainly did have a tough time of it, we successfully rode out the recession, and the cost-control measures, which I personally devised and implemented, ultimately resulted in a significantly healthier bottom line than we had had before the recession.

TIPP

Generell gilt für Fragen beim Vorstellungsgespräch: Wenn Sie ein Beispiel für etwas eher Negatives schildern sollen, nehmen Sie etwas weit Zurückliegendes! Wenn Sie aber umgekehrt Gelegenheit haben, ein Beispiel für etwas Positives auszuführen, wählen Sie etwas, was sich erst vor Kurzem ereignet hat!

16. What do you think are your main career options for the next five years?

▶ Where do you see yourself in five years' time? *(siehe S. 32)*
▶ How long do you plan to stay/would you stay in this job if we offer it to you?
▶ How far do you feel you might rise in our organisation?

Was hinter der Frage steckt

Ihr potenzieller Arbeitgeber möchte hier konkret erkunden, wie lange Sie in seinem Unternehmen zu bleiben gedenken, wie die neue Stelle sich in Ihre Karriereplanung fügt und wie weit Sie Ihrer Vorstellung nach in seinem Unternehmen vorankommen werden.

Ihre Antwort

In den meisten Fällen sollten Sie hier schlicht sagen, dass Sie sich für die nächsten fünf Jahre an die Stelle gebunden fühlen (auch wenn das nicht stimmt), dass Sie aber nicht stehenbleiben möchten, sondern dass Sie davon ausgehen, dass Sie sich in dem Unternehmen entwickeln und aufsteigen werden – zu Ihrem Vorteil und dem des Unternehmens. Anders ausgedrückt: Sie sehen dieses Unternehmen als bevorzugte Karrierechance für die nächsten fünf Jahre und denken auch im Moment über keine anderen Optionen nach. In Wirklichkeit sind fünf Jahre eine lange Zeit und es kann gut sein, dass Sie andere Optionen in Erwägung ziehen, ehe die fünf Jahre um sind, aber wenn Sie das Ihrem Gegenüber erzählen, tun Sie sich in Sachen Einstellung keinen Gefallen.

> I see myself remaining with your organisation for the next five years. I feel that's my best career option at present. Naturally, I will be hoping to progress significantly over the course of those five years and having proved myself, would expect to be entrusted with greater responsibility and a higher level of autonomy. I can see that there are plenty of opportunities for promotion and for ongoing professional development within your organisation and I am keen to take advantage of them and to become a greater asset to your organisation.

TIPP

In den meisten Fällen sollten Sie nicht zu konkret werden und nicht etwa sagen, dass Sie hoffen, in drei Jahren eine bestimmte Position erreicht zu haben. Sie werden für eine bestimmte Stelle eingestellt, auf die müssen Sie sich im Moment konzentrieren.

17. What exactly does the word 'success' mean to you?

▶ How do you define success?
▶ What exactly does the word 'failure' mean to you?

Was hinter der Frage steckt

Das ist eine interessante Frage, mit der man feststellen will, wie Sie Erfolg am Arbeitsplatz definieren. Gleichzeitig gibt sie Ihrem Gesprächspartner einen größeren Einblick in Ihr Innenleben, Ihre Einstellung zum Erfolg und Ihr Wertesystem.

Ihre Antwort

Jeder weiß, was das Wort „Erfolg" bedeutet. Hier geht es allerdings darum, was Sie darunter verstehen. Jeder definiert „Erfolg" geringfügig anders. Für manche ist es bereits ein Erfolg, wenn Sie eine Arbeit gut erledigt haben, für andere, wenn Sie für eine Leistung Anerkennung oder eine Belohnung erhalten haben. Und für Sie?

Bei dieser Frage gibt es keine richtige oder falsche Antwort. Achten Sie aber darauf, dass Ihre Definition sich auf den Arbeitsplatz beschränkt, außer natürlich, Ihr Gegenüber wollte explizit eine weitgefasstere Definition von Ihnen hören.

For me, success has a number of different elements. On the one hand, it is having achieved a specific goal or goals; the satisfaction of a job well done, having achieved one's purpose. On the other hand, it's the recognition of that achievement by others. Ultimately, success is a significant motivator for me; the desire to achieve success in all that I undertake and to contribute to the best of my ability.

TIPP

Stellen Sie sich darauf ein, dass Ihr Gesprächspartner im Anschluss an diese Frage ein Beispiel für einen persönlichen Erfolg von Ihnen hören möchte.

18. Why did you stay with this organisation for such a short time?

▸ Why did you leave that job? *(siehe S. 67)*
▸ Have you ever been made redundant and, if so, why? *(siehe S. 67)*
▸ Have you ever been fired? *(siehe S. 67)*

Was hinter der Frage steckt

Bei dieser Frage will man nicht nur die Gründe für Ihren Stellenwechsel wissen, sondern auch, warum Sie nur kurze Zeit geblieben sind. Ihr Gesprächspartner hält hier Ausschau nach eventuellen Leichen in Ihrem Keller.

Ihre Antwort

Wenn Sie eine Stelle nur kurz innehatten, gibt es dafür einen Grund. Dieser muss aber nicht unbedingt ein positives Verkaufsargument für Sie sein. Arbeitgeber stellen generell nicht gern Leute ein, die eventuell nur kurz bleiben, und schon gar nicht Leute, die den Arbeitsplatz häufiger gewechselt haben.

 TIPP

Ihre Antwort müsste hier lauten, dass Ihre Stelle abgebaut oder Sie entlassen wurden? Hier erkläre ich, wie man in diesen speziellen Fällen vorgeht:

▸ Why did you leave that job? *(siehe S. 67)*

Oder sind Sie aus eigenem Antrieb gegangen? Weshalb? Probleme mit Ihrem Vorgesetzten oder mit einem Kollegen? Dann lesen Sie bitte die Ratschläge, die ich zur entsprechenden Top-10-Frage gegeben habe:

▸ Why do you wish to leave your current position? *(siehe S. 22)*

Es gibt natürlich noch viele weitere Gründe, z. B.:

• Sie haben herausgefunden, dass die angenommene Stelle sich anders gestaltete als angekündigt.

- Ihre Stelle hat sich maßgeblich verändert, z. B. durch eine Umorganisation.
- Die Stelle, die Sie anschließend annahmen, war eine Chance, die Sie sich nicht entgehen lassen wollten.

Mein Rat lautet hier schlicht und einfach: Sagen Sie, wie es war! Sie nahmen aus positiven Gründen eine positive Veränderung vor, in der Absicht, ein positives Resultat zu erzielen. So einfach ist das.

> Shortly after I started with the company, external management consultants were called in and tasked with undertaking a major restructuring. Whilst my role wasn't made redundant as such, it did change out of all recognition and it simply wasn't the job I signed up for. In particular, the marketing element was completely removed from my job description and yet that is my main interest and was what I had hoped I would be focusing on when I initially agreed to take the job. I, therefore, felt I had to look for a new job, one which would enable me to continue on my desired career path and that led to my successfully being hired for my next job.

TIPP

Lassen Sie sich auch hier nicht dazu hinreißen, irgendetwas Negatives oder Kritisches über frühere Arbeitgeber zu äußern.

19. Why did you stay with this organisation for such a long time?

▶ Why didn't you move on sooner from this organisation?

Was hinter der Frage steckt

Es gibt positive und negative Gründe dafür, lange bei einem Arbeitgeber zu bleiben. Ihr Gesprächspartner hakt hier nach; wahrscheinlich befürchtet er, dass Sie aufgrund Ihrer langen Betriebszugehörigkeit sehr eingefahren sind und dass Sie sich mit neuen Herausforderungen schwertun werden.

Ihre Antwort

Ihre Antwort muss darauf abzielen, Ihre langjährige Tätigkeit für eine Firma als etwas Positives darzustellen, als eine bewusste Entscheidung Ihrerseits. Den Eindruck, dass es Ihnen an Initiative fehlt und dass sie sich einfach treiben lassen, wollen Sie ja nicht erwecken. Vielleicht sind Sie einfach lange geblieben, weil es Ihnen gefiel und Sie sich sicher und einigermaßen zufrieden mit dem Status Quo fühlten – eine solche Antwort wird Ihren potenziellen Arbeitgeber allerdings nicht beeindrucken.

Sollten Sie in dieser Firma mehr als eine Position innegehabt haben und beispielsweise befördert worden sein, gibt es hier nicht viel zu sagen; dies sollte auch bereits aus Ihrem Lebenslauf deutlich geworden sein.

Oder saßen Sie in dieser Firma die ganze Zeit auf ein und derselben Position? Auch wenn Ihre Stellenbezeichnung gleichgeblieben ist, könnten Sie schildern, wie sich Ihre Tätigkeit im Lauf der Zeit durch neue, interessante Aufgaben erweitert hat. Wenn Sie überwiegend projektbezogen gearbeitet haben, können Sie anführen, dass Sie immer wieder mit unterschiedlichen Projekten zu tun hatten und Sie sich gefühlt haben, als würden Sie verschiedene Stellen ausfüllen, weil sich stets etwas geändert hat. Konzentrieren Sie sich vor allem auf Folgendes: Was haben Sie dazugelernt? Wie haben Sie sich weiterentwickelt? Welche nützlichen, übertragbaren Kompetenzen haben Sie erworben?

I chose to stay within that organisation because my work always remained an interesting challenge. Over the course of the decade, the company grew from a small outfit with just five employees to a much larger organisation with well over 50 employees. It changed so significantly that it didn't actually feel like I was necessarily working for the same organisation. Clearly, the way an organisation with just five employees operates is very different to the way in which one with over 50 employees operates. Whilst my actual job title may not have changed over the years, the actual nature of my work evolved and changed rapidly. The job I was doing when I left the company bore very little resemblance to the job I first took when the company was just starting up. With each new year, I learned new and valuable skills and from having been there from the beginning, I am fortunate enough to have gained very useful experience in every department, from finance through to marketing, including extensive experience which is directly relevant to the job for which I am now applying.

BESSER IST ES, VORBEREITET ZU SEIN

20. Are you able to multitask?

▶ How good are you at multitasking?
▶ Can you give me an example of how you multitask?

Was hinter der Frage steckt

„Multitasking" ist ein beliebtes Schlagwort. Ich persönlich halte nicht viel von dieser Frage, aber das heißt ja nicht, dass sie nicht gestellt wird. Möglicherweise möchte Ihr Gesprächspartner sicherstellen, dass Ihnen klar ist, was Multitasking bedeutet.

Ihre Antwort

Tatsächlich wissen viele gar nicht genau, was Multitasking eigentlich ist. Viele sehr beschäftigte Leute behaupten, ständig „Multitasking" zu betreiben, um ihre Aufgaben zu bewältigen.

Dabei ist es wissenschaftlich erwiesen, dass man nicht wirklich mehrere Aufgaben gleichzeitig erledigen kann und dass Multitasking größtenteils kontraproduktiv ist. Da man den einzelnen Aufgaben nicht die Aufmerksamkeit schenken kann, die eigentlich erforderlich wäre, dauert es erstens länger, alles abzuarbeiten, und zweitens ist die Fehlerquote höher. Die Fehler dann später zu korrigieren, kostet auch wiederum Zeit! Tatsächlich arbeitet man effizienter, wenn man sich immer auf eine Aufgabe konzentrieren kann.

Es gibt natürlich Momente, in denen wir gar keine andere Wahl haben, als Multitasking zu betreiben. Zum Beispiel in folgendem Fall:

> Sie sind damit beschäftigt, einen Bericht zu schreiben. Da taucht eine wichtige und dringende Mail auf. Gleichzeitig kommt ein Kollege herein und möchte kurz etwas mit Ihnen besprechen.

Aber glauben Sie bloß nicht, ständig Multitasking zu betreiben, wäre in irgendeiner Weise erstrebenswert! In dem zuvor beschriebenen Szenario können Sie drei verschiedene Aufgaben durchaus gleichzeitig erledigen, aber bestimmt nicht besonders effizient.

Bei der Antwort auf diese Frage sollten Sie klarstellen, dass Sie sich dieses Unterschieds bewusst sind, und gleichzeitig betonen, dass Sie multitasking-fähig sind, wenn es darauf ankommt.

It does depend how you define multitasking. I've read that, when multitasking, people just appear to be handling more than one task at the same time and that it's largely counterproductive. Sometimes, of course, I have no choice but to multitask, dealing with several different issues simultaneously; for example, finishing off an urgent email whilst taking an important phone call. Whilst it's obviously not an ideal way to work, I'm certainly more than capable of multitasking in this fashion when necessary. It's a matter of concentration.

21. Can you juggle a number of different projects simultaneously?

▶ How many projects can you handle at one time?

Was hinter der Frage steckt

Wenn Ihr Gesprächspartner Ihnen diese Frage stellt, können Sie davon ausgehen, dass es zur Stellenbeschreibung gehört, mehrere Projekte gleichzeitig zu managen. Ihr Gegenüber möchte wissen, ob Sie damit klarkommen und Ihre diesbezüglichen Kompetenzen auch belegen können.

Ihre Antwort

Diese Frage ist nicht identisch mit der vorherigen: Die gleichzeitige Bearbeitung verschiedener Projekte ist nämlich nicht dasselbe wie Multitasking. Hier muss Ihre Antwort ein klares „Ja" sein, das Sie aber erläutern und belegen müssen. Ihr Gesprächspartner wird wahrscheinlich nur über dieses Thema mit Ihnen sprechen, wenn sie bereits Erfahrung im Projektmanagement haben. Sie sollten also in der Lage sein, ein gutes Beispiel aus Ihrem Berufsleben zu nennen.

 Yes. I've had plenty of experience handling a very full workload and dealing with numerous different projects simultaneously. When starting out in my current job, I came in to a situation where they were behind schedule on a number of projects and yet also had several new projects which needed to be started. I certainly had my hands very full indeed; →

> it was quite a juggling act. I persuaded the management to allocate sufficient resources so we could complete the overdue projects without suffering further financial penalties and I simultaneously got us going on the new range of projects as quickly as possible so as to not disappoint the clients. It was very hard going but I soon got things under control, and once the backlog had been cleared and we were up to date, we were able to consistently adhere to timescales and deadlines in the future.

22. How do you handle rejection / disappointment / failure?

- ▶ Can you tell me about a time when you have failed to achieve a goal?
- ▶ How do you handle being criticised?

Was hinter der Frage steckt

Hier geht es um drei verschiedene eng verwandte Fragen. Ihr Gegenüber möchte herausfinden, wie Sie mit einer Zurückweisung, einem Fehlschlag oder einer anderen Enttäuschung zurechtkommen. Die Art, wie jemand mit Hindernissen umgeht, sagt viel über diesen Menschen aus. Keiner möchte jemanden einstellen, der nicht damit fertig wird, wenn es hart auf hart kommt.

Ihre Antwort

Man lernt aus seinen Fehlern! Zurückweisungen, Enttäuschungen oder Fehlschläge muss jeder im Lauf seines Berufslebens einstecken. Manchen (aber eben nicht allen Menschen) gelingt es, nach einem Rückschlag wieder auf die Beine zu kommen. Aber nicht nur das: Diese Menschen gehen sogar gestärkt aus der Situation hervor, weil sie aus ihrer Erfahrung gelernt haben.

Genau das müssen Sie Ihrem Gesprächspartner mit Ihrer Antwort vermitteln. Nennen Sie kein konkretes Beispiel, außer, man verlangt es von Ihnen. Erklären Sie, wie Sie ganz allgemein mit Hindernissen zurechtkommen. Verwandeln Sie dieses eher negative Thema in ein überzeugendes Argument. Zeigen Sie, dass Sie auch aus unangenehmen Dingen Ihren Nutzen zu ziehen wissen!

> I'm certainly realistic enough to appreciate that things don't always go the way one would hope or expect them to go and that the occasional disappointment is a fact of life. But I feel that what's most important is how one handles such circumstances. I endeavour to learn as much as I can from any possible failures; they really are excellent learning opportunities and they can be a blessing in disguise in that sense. And it's always important to focus on the future rather than dwell on the past. If at first you don't succeed, try, try again.

TIPP

Machen Sie sich darauf gefasst, dass Ihr Gesprächspartner versuchen wird, Ihnen ein Beispiel zu entlocken. Wenn Sie in diesem Fall auf eine eigene Erfahrung zurückgreifen, sollte es sich nicht um etwas allzu Negatives handeln, möglichst schon eine Weile her sein und vor allem etwas sein, bei dem die Schuld (falls es überhaupt eine gab) nicht ausschließlich Ihnen zuzuschreiben war. Sie könnten zum Beispiel von einem Auftrag sprechen, der Ihrer Firma entgangen ist. Anschließend führen Sie am besten aus, wie die gemachten Erfahrungen später nutzbringend eingesetzt werden konnten.

23. How do you deal with interpersonal conflict?

▶ How did you cope with the most difficult colleague you've ever had?
▶ Have you ever had problems getting on with anyone?

Was hinter der Frage steckt

Wie reagieren Sie, wenn Sie einem zwischenmenschlichen Konflikt ausgesetzt sind? Ihr Gesprächspartner will wissen, ob Sie angemessen damit umgehen können und wie es um Ihre sozialen Kompetenzen bestellt ist.

Ihre Antwort

Sie müssen Ihrem Gesprächspartner deutlich machen, dass Sie es nicht auf einen offenen Streit anlegen, Sie aber auch nicht davonlaufen oder sich verstecken, sondern dass Sie professionell mit Konflikten umgehen und einen Weg finden, diese in den Griff zu bekommen.

I'm not the kind of person to get drawn into interpersonal conflict, but sometimes it's unavoidable. In such cases, I'm not afraid of making my opinion politely but firmly known and I believe that communication is essential, especially in situations involving conflicting points of view. I certainly don't believe in reacting aggressively, nor do I believe in ducking out of any confrontation. It's much more productive to try to understand people, to reason with them and to find common ground and ways of working through any difficulties there may be. Communication is key, so is seizing the initiative to tackle the problem.

 TIPP

Ich rate Ihnen, gleich zu Beginn Ihrer Antwort zu betonen, dass es Ihnen in der Regel gelingt, Konflikte gar nicht erst entstehen zu lassen. Stellen Sie sich aber darauf ein, dass Ihr Gegenüber fragt, was Sie tun würden, wenn Sie trotz Ihrer Bemühungen mit jemandem in Streit geraten würden.

24. What do tact and diplomacy mean to you?

▶ Can you describe a situation where you've been tactful?
▶ Can you describe a situation where you've been diplomatic?

Was hinter der Frage steckt

Schlicht und einfach: Taktgefühl und diplomatisches Geschick sind im Leben von unschätzbarem Wert und Ihr Gesprächspartner möchte wissen, wie es damit bei Ihnen bestellt ist.

Ihre Antwort

Hier geht es um Ihre Kompetenzen im Umgang mit anderen – speziell mit schwierigen Menschen in schwierigen Situationen. Taktgefühl und diplomatisches Geschick sind untrennbar miteinander verbunden. Diese Frage nach Ihren sozialen Kompetenzen kann unmittelbar im Anschluss an die vorherige Frage gestellt werden.

Durchsetzungsvermögen ist zwar oft wichtig, doch manchmal ist es besser zurückzustecken. Empathie ist unverzichtbar für tragfähige Beziehungen. Manchmal muss man sich durchsetzen, manchmal sollte man seine Worte sehr genau wählen – alles zu seiner Zeit. Zeigen Sie Ihrem Gegenüber, dass Sie den Unterschied kennen!

Tact and diplomacy are all about skill and sensitivity in dealing with others, particularly when dealing with difficult people and tricky situations. I'm certainly capable of asserting myself when necessary, but I'm equally capable of carefully controlling what I say if there's a risk of hurting someone else's feelings or causing some other negative and counterproductive reaction. It's a fine line one has to tread and it requires a great deal of empathy. Understanding other people and empathising with the way they think and feel are essential to effective relationships. It's also a question of context. You may find that you can say something to someone in private which it would be a very bad idea to say in the presence of others.

TIPP

Wenn man Sie um ein konkretes Beispiel bittet, nehmen Sie am besten eines, das Sie einerseits positiv dastehen lässt, das andererseits aber auch zeigt, dass Sie sich gegenüber ehemaligen Vorgesetzten, Kollegen oder anderen Menschen nicht undiplomatisch und zu kritisch verhalten. Am besten wählen Sie vielleicht eine Situation mit einem schwierigen Kunden oder Auftraggeber, aber seien Sie auch hier taktvoll.

25. What makes for a successful team?

▶ What would be your ideal team?

Was hinter der Frage steckt

Was Sie sich unter einem erfolgreichen Team vorstellen, gibt Aufschluss darüber, welche Arbeitsmethoden Sie für zielführend halten und wie Ihrer Meinung nach ein ideales Team aufgestellt ist. Ihre Antwort gibt Aufschluss über Ihre Kompetenzen und zeigt, welcher Typ „Teamplayer" Sie sind.

Ihre Antwort

Die Frage ist gar nicht so leicht zu beantworten. Aber Sie können sich ja darauf vorbereiten!

Teamwork ist in den allermeisten Tätigkeitsfeldern sehr wichtig. Es erfordert vier Kernkompetenzen:

- Die Fähigkeit, effektiv mit anderen zu kommunizieren.
- Die Fähigkeit, die Standpunkte anderer zu erkennen und zu verstehen.
- Die Fähigkeit einzuschätzen, welcher Beitrag von einem selbst erwartet wird.
- Die Fähigkeit, starke zwischenmenschliche Beziehungen aufzubauen.

Ein erfolgreicher Teamplayer verfügt über alle diese Fähigkeiten und ein erfolgreiches Team besteht natürlich aus erfolgreichen Teamplayern.

> For me, what really makes for a successful team is clearly the people within that team. Communication is obviously key. Teamwork requires you to communicate effectively with others, recognising and understanding their viewpoints and appreciating the contribution you are expected to make. Communication is essential to good working relationships where each individual is working towards the achievement of shared aims and objectives. Trust is also a key factor in ensuring the success of working relationships, as is respect. If the team members trust and respect each other then they'll inevitably work well together towards their common goals.

26. Would you describe yourself as a good manager?

▶ Are you a good manager?
▶ How would you describe yourself as a manager?

Was hinter der Frage steckt

Ihr Gesprächspartner möchte hier von Ihnen hören, weshalb Sie sich für einen guten Manager halten. Wenn Sie sich für eine Managementposition bewerben – was wohl der Fall sein wird, wenn man Ihnen diese Frage stellt –, wird die Antwort für Ihr Gegenüber aufschlussreich sein.

Ihre Antwort

Sie werden sich kaum selbst als schlechten Manager bezeichnen. Natürlich sind Sie ein guter Manager und Sie werden Ihrem Gegenüber auch genau sagen, warum.

Was zeichnet einen guten Manager aus?

- Gute Manager bauen gute Arbeitsbeziehungen zu den von ihnen geführten Mitarbeitern auf.
- Gute Manager sorgen dafür, dass sich die Ziele der Angestellten mit denen des Unternehmens decken.
- Gute Manager setzen herausfordernde, aber realistische Ziele.
- Gute Manager setzen Motivationstechniken ein, um Ziele leichter zu erreichen.
- Gute Manager sind fair und behandeln die von ihnen geführten Mitarbeiter gleich und objektiv.
- Gute Manager zeigen Empathie und geben den Leuten das Gefühl, dass ihre Meinung zählt.
- Gute Manager holen das Beste aus den Mitarbeitern heraus, sind sich jedoch deren Grenzen bewusst.
- Gute Manager sind in der Lage, bei Fehlleistungen angemessene Maßnahmen zu ergreifen.
- Gute Manager loben öffentlich und kritisieren unter vier Augen.
- Gute Manager delegieren Aufgaben an diejenigen, die sie am besten meistern.
- Gute Manager inspirieren ihre Mitarbeiter.

 Yes, I would. I believe I'm particularly good at motivating my subordinates. For example, I aim to align their aims with those of the organisation. Once an employee is able to understand and empathise with the overall aims of the organisation, they are normally much more motivated to help achieve them. I also believe I'm good at getting the best out of people whilst being aware of their limitations. I strive to set challenging but realistic targets and ensure people are treated fairly, equally and objectively.

TIPP

Als Anschlussfrage bietet sich hier die Frage nach konkreten Beispielen an, anhand derer Sie die von Ihnen aufgezählten Managerqualitäten erläutern sollen. Entsprechende Antworten sollten Sie also auf Lager haben!

27. Do you really think you're management material?

▶ Are you sure you have management potential?

Was hinter der Frage steckt

Diese Frage wird vermutlich gestellt, wenn Sie sich zum ersten Mal um eine Managementposition bewerben oder wenn Sie erst kürzlich (im Zuge Ihrer aktuellen oder vorherigen Stelle) ins Management aufgerückt sind. Ihre Eignung wird hier nicht infrage gestellt, Sie sollen diese einfach nur erläutern.

Ihre Antwort

Erinnern Sie sich noch, was einen guten Manager auszeichnet (siehe vorherige Frage)? Ihre Antwort beginnt natürlich mit „Ja". Aber anschließend müssen Sie einige der dort genannten Charakteristika nennen und deutlich machen, weshalb Sie sich für eine Führungsposition geeignet fühlen. Stehen Sie selbstbewusst zu Ihrer Entscheidung, ins Management aufrücken zu wollen.

Yes, I do. In my current role, I'm the most senior and experienced member of the team, and in all but my job title, I'm already undertaking many elements of a management role. The team is highly dependent on me and most of my time is taken up in supporting and managing the team members so that they are better able to undertake their own roles. I have extremely good working relationships with my team members and seek to extract the best from them whilst being aware of their individual limitations. I'm also responsible for training and coaching new team members. Consequently, I feel that now is definitely the right time for me to take a step up to a management-level position, hence my applying for this role within your organisation.

28. What is your attitude to delegation?

▶ Do you delegate?
▶ Do you know how to delegate?
▶ Do you have difficulties with delegation?

Was hinter der Frage steckt

Delegieren ist eine der wichtigsten Managementkompetenzen. Ihr Gegenüber möchte wissen, ob Sie verstehen, wie wichtig Delegieren ist, und ob Sie imstande sind, Aufgaben effizient abzugeben.

Ihre Antwort

Wenn man Leute hat, an die man eine Aufgabe delegieren kann und in deren Tätigkeitsbereich diese Aufgabe auch fällt, sollte man das tun. Es geht so viel Zeit verloren, wenn man Aufgaben übernimmt, die besser delegiert werden sollten. Die Aufgabe eines Managers besteht darin, zu delegieren und zu leiten. Es ist weder möglich noch wünschenswert, dass er alles allein bewältigt.

Perfektionisten haben oft beträchtliche Schwierigkeiten, etwas zu delegieren. Perfektionisten fürchten tendenziell, dass eine abgegebene Aufgabe nicht ausgeführt wird oder nicht den eigenen hohen Standards entsprechen könnte. Perfektion ist zwar höchst wünschenswert, aber oft nicht sehr praktisch. Erzählen Sie Ihrem Gesprächspartner, dass Delegieren notwendig ist und Sie dies auch können.

I believe that delegation is an essential management skill. It's a manager's job to delegate and to supervise that delegation; it's not possible or desirable to do everything yourself single-handedly. Of course, it's often a judgement call. You can find yourself spending more time explaining how to carry out a task than it would have taken you to complete it yourself. You have to weigh up how long it will take to explain to someone else how to undertake the task by comparison to how long it would take to just do it yourself. Small one-off tasks are typically best done yourself but lengthier tasks, or tasks which are likely to need to be repeated in the future are often best delegated.

29. Can you give me an example of a time when you had to lead from the front?

> ▶ Can you give me an example of a time when you have displayed leadership qualities?

Was hinter der Frage steckt

Sie können natürlich leicht behaupten, Sie hätten Führungsqualitäten. Mit Ihrer Antwort auf diese Frage sollen Sie diese erläutern.

Ihre Antwort

Ihr Gegenüber fragt hier nach Ihren Führungsqualitäten. Mitarbeiterführung und Management hängen zusammen, sind aber nicht identisch. Führungspersönlichkeiten haben Visionen und inspirieren andere. Führungspersönlichkeiten sind Querdenker. Wenn Ihnen diese Frage gestellt wird, sind Sie höchstwahrscheinlich auf eine hochrangige Führungsposition aus und sollten daher problemlos imstande sein, ein passendes Beispiel anzuführen.

 I frequently have to lead from the front. To give you a recent example, in my current role I initiated the design and implementation of a completely new database system. The plan was met with considerable resistance from the day-to-day users of the old database system who were happy with the status quo and didn't see the need for change. Whilst it's true that the old system did an entirely satisfactory job, I had identified a variety of weaknesses and inefficiencies and was convinced we could create a new system, which would be at least 25 per cent more efficient, resulting in considerable savings. I discussed my proposed changes with existing users and managed to bring them round to my way of thinking, emphasising that any disruption would only be short term and that the long-term gains would more than justify the project ultimately, not only did I manage to persuade them to follow my vision but I also got them greatly involved in the process, providing a lot of valuable and relevant ideas and feedback.

30. Have you ever had to fire or lay off a member of your staff?

▶ Are you able to make difficult decisions and tough choices? *(siehe S. 104)*

Was hinter der Frage steckt

Ihr potenzieller Arbeitgeber möchte wissen, ob Sie in der Vergangenheit bereits eine derart schwierige Entscheidung treffen mussten, wie Sie damit umgegangen sind und welches Gefühl Sie dabei hatten bzw. wie es Ihnen im Fall der Fälle damit gehen würde. Sehr wahrscheinlichkeit erfordert es die Position, für die Sie sich bewerben, dass Sie solche Situationen handhaben müssen.

Ihre Antwort

Wenn Sie noch nie einem Mitarbeiter kündigen mussten, könnten Sie natürlich einfach mit „Nein" antworten. Ich rate Ihnen allerdings zu ergänzen, dass Sie dazu in der Lage wären, falls es nötig sein sollte.

No. But, although I've never had to do this in the past, I'm not one to shy away from my responsibilities and I fully recognise that such decisions do need to be made from time to time. It's not a task I'd take lightly, of course. But, if it came to it, I'd be quite capable of handling the situation and ensuring I complied with the necessary procedures and legislation.

TIPP

Wenn Sie so eine unangenehme Aufgabe bereits übernehmen mussten, reicht ein einfaches „Ja" natürlich nicht aus. Sie müssen die Situation und Ihren Umgang damit detailliert schildern. In diesem Fall können Sie sich an der Antwort auf die ähnlich gelagerte Frage aus dem vorherigen Kapitel orientieren *(siehe S. 104)*.

31.   How would you describe your ideal team member?

> ▶ How would you describe your ideal subordinate?
> ▶ What would be your ideal team?

Was hinter der Frage steckt

Bei der Schilderung des perfekten Teammitglieds werden die meisten Bewerber automatisch unbewusst preisgeben, wie sie sich selbst als Teammitglied sehen. Das macht diese Frage für einen geübten Interviewer sehr interessant, weil sie ihm Aufschluss darüber gibt, welcher Typ Teamplayer Sie sind.

Ihre Antwort

Die Frage ist leicht zu beantworten. Konzentrieren Sie sich auf zwei oder drei positive Merkmale eines Teammitglieds, die allgemein beliebt sind.

> My ideal team member is someone who is firmly committed to the common goals of the team, someone who is not afraid to roll up their sleeves and 'muck in' to get the job done, someone who is prepared to take personal responsibility for getting the job done. Loyalty is obviously also important, loyalty to their colleagues, their management and to the organisation as a whole. They also need to be a good communicator because communication is the key to successful working relationships.

32.   In what ways do you intend to improve upon your performance?

> ▶ How do you think you can improve upon your performance?
> ▶ Do you think you need to improve upon your performance?
> ▶ Can you tell me about your last appraisal? *(siehe S. 65)*
> ▶ What areas for improvement were identified at your last appraisal?
> ▶ What training needs do you have?

Was hinter der Frage steckt

Das ist eine interessante Frage, weil sie suggeriert, dass es tatsächlich noch Bereiche gibt, in denen Sie sich verbessern können. Diese Frage soll Sie dazu bringen zuzugeben, wo bei Ihnen leistungsmäßig noch Luft nach oben ist.

TIPP

In gewisser Weise ist diese Frage eine Variante der Top-10-Frage nach Ihren Schwächen.
- ▶ What are your strengths? *(siehe S. 26)*
- ▶ What are your weaknesses? *(siehe S. 27)*

Ihre Antwort

Bei dieser Frage sind Sie so oder so in der Zwickmühle. Wenn Sie sagen, dass Sie Ihrer Meinung nach Ihre Leistung gar nicht weiter steigern können, wirken Sie arrogant und wie jemand, der sich vermutlich nicht weiterentwickeln wird, weil er keine Notwendigkeit dazu sieht. Wenn Sie aber umgekehrt genau ausführen, auf welche Art und Weise Sie Ihre Leistung zu verbessern gedenken, geben Sie damit eine Schwäche zu.

Die beste Lösung besteht darin, Ihre Antwort allgemein zu halten und – ohne konkret zu sagen, wo es Schwachstellen gibt – zu betonen, dass Sie stets nach Wegen suchen, Ihre Leistung zu steigern, und immer für Weiterbildungs- und Entwicklungsmöglichkeiten offen sind. Alternativ können Sie hier einen Bereich nennen, der nicht wirklich relevant für die ausgeschriebene Position ist.

FAUX-PAS

Kaum zu glauben, aber wahr: Auf diese Frage antwortete ein Bewerber folgendermaßen: „Ach, wenn mir meine neue Stelle besser gefällt, werde ich natürlich nicht mehr so oft krankfeiern!" Kein Witz!

I'm always looking for ways in which I can improve upon my performance; I'm always open to training and development opportunities. Everyone always has room for improvement; you can never be too good at anything. For example, I find I am now required to give presentations from time to time and, whilst I'm generally happy with the way I handle these, it's fair to say that I've not had any prior training in this, so I am just about to embark on an evening course to help me to improve upon this aspect of my work.

TIPP

Wenn Sie konkrete Schwächen zugeben, disqualifizieren Sie sich möglicherweise selbst. Nennen Sie nichts, was verbessert werden kann, könnte Ihr Gesprächspartner nachhaken. Orientieren Sie sich einfach am oben angeführten Beispiel.

33. How has your current job prepared you for greater challenges / responsibility?

▶ In what ways has your current job prepared you to take on greater challenges / responsibility?

▶ How do your skills and experience match the job description / person specification?

▶ What have you learned in your last job?

Was hinter der Frage steckt

Ihr Gegenüber möchte Folgendes wissen: Was haben Sie dazugelernt, wie haben Sie sich an Ihrer jetzigen (oder vorherigen) Stelle weiterentwickelt? Wie steht es um Ihre Fähigkeit, neue Herausforderungen und Verantwortlichkeiten zu übernehmen, und inwiefern könnte dies für die zu besetzende Position von Nutzen sein?

Ihre Antwort

Weshalb bemühen Sie sich um eine neue Stelle? Wahrscheinlich sind Ihre Hauptbeweggründe neue Herausforderungen und mehr Verantwortung. Sie müssen Ihrem Gesprächspartner darlegen, dass Sie dafür bereit sind, und erklären, weshalb. Führen Sie hier unbedingt Beispiele an, die für die offene Stelle relevant sind. Orientieren Sie sich bei der Auswahl Ihrer Beispiele an der Aufgabenbeschreibung (die Sie sehr genau kennen sollten). Wählen Sie zwei oder drei Beispiele, mit denen Sie überzeugen können.

> My current job has prepared me in many ways to take on new and greater challenges and responsibility. This is one of my main reasons for wishing to move on to a new job; to capitalise on what I have learned. As I became increasingly proficient in my role, I was entrusted with training and coaching newer members of staff, something I enjoyed and found very rewarding. I was also asked to participate in increasing numbers of management-level meetings to represent matters from the point of view of the 'shop floor'. Also, I was called upon to deputise for our manager and oversee operations whenever he was away. I consequently feel I've reached the level where I'm no longer sufficiently challenged by my current role and am keen to learn and develop further; it's clearly the right time for me to move onwards and upwards into a management role.

34. What book are you reading at the moment?

▶ What was the last film you saw?
▶ What's your favourite book?

Was hinter der Frage steckt

Das ist eine persönliche Frage. Man erfährt, ob Sie überhaupt lesen und wenn ja, welche Art von Lektüre Sie mögen und was Sie dazu zu sagen haben. Denn was Sie lesen, gibt durchaus Aufschluss über Ihre Persönlichkeit.

Ihre Antwort

Vielleicht lesen Sie sehr gern. Vielleicht auch überhaupt nicht. So oder so: Sie müssen ein Beispiel parat haben, und kein Erfundenes! Um diese Frage beantworten zu können, müssen Sie ein Buch lesen!

Abgesehen davon gibt es keine „richtige" Antwort auf diese Frage, Sie sollten sich aber überlegen, welches Beispiel sie nehmen. Das heißt nicht, dass Sie erzählen sollen, dass Sie sich gerade durch Tolstois „Krieg und Frieden" kämpfen und bis spät in die Nacht Fachliteratur zum Thema Management verschlingen. Ich rate Ihnen lediglich, hier sorgfältig auszuwählen. Nennen Sie Ihrem Gesprächspartner nicht nur den Titel des Buchs, sondern erzählen Sie etwas darüber – damit beweisen Sie zumindest, dass es das Buch tatsächlich gibt und sie sich den Titel nicht ausgedacht haben. Sie müssen auch durchaus damit rechnen, dass Ihr Gegenüber das Buch selbst gelesen hat und ausführlicher darüber sprechen möchte.

> I'm currently reading *Disturbing the Peace* by Richard Yates. I saw the film *Revolutionary Road* and went on to read the book and I enjoyed it so much that I'm now moving on to work my way through Richard Yates' other titles. *Disturbing the Peace* is not one of his best-known works but I find its semi-autobiographical nature particularly fascinating. You can tell that he has first-hand knowledge of what he's writing about. It's not exactly a happy book, by any means. But it's very compelling and gives a lot of insight into Richard Yates and the troubled life he led.

TIPP

Man könnte Sie auch gezielt nach einem Roman oder auch nach einem Sachbuch fragen. Bereiten Sie sich also am besten auf beides vor.

35. What newspaper do you take?

- ▶ What newspaper do you take and why?
- ▶ Do you know what the current news headline is?

Was hinter der Frage steckt

Wenn Sie danach gefragt werden, welche Zeitung Sie lesen, will man auch wissen, ob Sie sich für das Tagesgeschehen interessieren (siehe nächste Frage, die davor oder auch im Anschluss gestellt werden könnte). Ihr Gesprächspartner hinterfragt aber auch diskret Ihr Wertesystem.

Ihre Antwort

Hier die richtige Antwort zu finden, kann überraschend schwer sein. Man geht allgemein davon aus, dass die Zeitung, die jemand liest, viel über seine politischen und geistigen Werte und sogar über seinen sozialen Status aussagt. Sie können natürlich Ihrem Gegenüber einfach die Wahrheit sagen. Sie können ihm aber genauso gut erzählen, was er hören will (was nicht immer leicht einzuschätzen ist). In beiden Fällen müssen Sie darauf gefasst sein, dass nachgefragt wird, weshalb Sie genau diese Zeitung lesen.

Nennen Sie lieber keine Boulevardzeitung. Wenn Sie sagen, dass Sie gar keine Zeitung lesen, wirft das auch kein gutes Licht auf Sie. Umgekehrt können Sie aber durchaus erwähnen, dass Sie mehr als eine Zeitung lesen oder andere seriöse Informationsquellen (z. B. bestimmte Internetseiten) nutzen.

I read *The Independent*. I recognise that all newspapers, *The Independent* included, inevitably have various editorial biases but feel *The Independent* gives a particularly well-balanced view of the world and what's happening in the world without having too much political bias. I also check the *BBC News* website each day. Between them, I believe I'm getting a reasonably well-rounded insight into current affairs.

TIPP

Stellen Sie sich auch darauf ein, dass Ihr Gegenüber Genaueres zu einem bestimmten Thema oder sogar zu einem bestimmten Artikel, den Sie kürzlich gelesen haben, wissen möchte. Also: Bereiten Sie sich vor!

36. Are you interested in current affairs?

▶ Do you know what the current news headline is?
▶ Which news story has recently grabbed your attention?
▶ What would you do to improve the state of the country's finances?

Was hinter der Frage steckt

Hier fragt man nicht danach, ob Sie sich für die aktuellen Nachrichten interessieren. Man geht davon aus, dass Sie es tun, und möchte Beweise dafür hören. Also bereiten Sie sich vor, damit Sie eine Antwort parat haben.

Ihre Antwort

Natürlich muss Ihre Antwort mit „Ja" beginnen, wenn Sie erfolgreich vermitteln wollen, dass Sie immer gut informiert und vielseitig interessiert sind. Der naheliegenden Anschlussfrage nach einem konkreten Beispiel sollten Sie gleich zuvorkommen und etwas nennen, das kürzlich Ihr Interesse geweckt hat. Machen Sie sich auch darauf gefasst, dass Ihr Gesprächspartner Ihre Meinung dazu hören möchte – um zu sehen, ob Sie analytisch denken können. Äußern Sie dann keinesfalls Ansichten, die umstritten sind oder mit denen Sie Ihr Gegenüber vor den Kopf stoßen könnten!

> Yes, I read *The Independent*, I keep an eye on the *BBC News* website and I normally listen to the news in the car on the way home. I watch very little television, but between my newspaper, the Internet and the radio, I really don't need to in order to keep abreast of what's going on in the world. Like many people, I've been particularly interested recently by the ongoing developments in the Arab world. It's going to be fascinating to see how that continues to unfold.

37. If you won the lottery, what would you do?

▶ If you won the lottery, would you stop working?

Was hinter der Frage steckt

Um was geht es hier? Jedenfalls nicht um wilde Spekulationen, sondern darum, was Ihnen außerhalb des Arbeitslebens wichtig ist und welche Priorität die Arbeit für Sie hat.

Ihre Antwort

Viele glauben, wer im Lotto gewinnt, liegt anschließend irgendwo am Strand, trinkt Cocktails und lässt sich von vorn bis hinten bedienen. Klingt toll, oder? Aber wie lange könnten Sie dies tun, ohne sich zu langweilen?

Auf diese Frage gibt es viele mögliche Antworten. In jedem Fall müssen Sie herausstellen, dass Sie Ihre Zeit konstruktiv nutzen würden und keinen Grund dafür sehen würden, zu arbeiten aufzuhören, jedenfalls nicht ganz.

That's a very interesting question. I assume you're meaning a sufficiently large sum of money that I'd be financially independent for life? Initially, I think I'd take a bit of a career break and perhaps go travelling for a while, not least to give myself some thinking time and time to adjust to my new circumstances. After that, I think I would certainly continue working to a degree but I'd probably aim to work on a not-for-profit basis; for example, volunteer work for a charity. And I'd certainly aim for a better work-life balance. I have many hobbies, such as playing the piano, which I would appreciate having more time to be able to indulge. I'm also very keen to learn Spanish. I think I'd certainly find many ways to occupy my time productively.

 TIPP

Erzählen Sie Ihrem Gesprächspartner nicht lang und breit, welchen Rolls Royce Sie sich leisten würden oder dass Sie ein Schloss kaufen und einen Butler einstellen würden, der Ihnen jeden Abend einen Gin Tonic serviert. Beschränken Sie sich auf Gedankenspiele, die Sie als jemanden dastehen lassen, der sich kontinuierlich weiterentwickeln möchte und der sich nicht damit zufriedengibt, sich zurückzulehnen und sich auf seinen Lorbeeren auszuruhen.

38. Can you tell me about the best teacher you ever had?

▶ Who was your favourite teacher and why?

Was hinter der Frage steckt

Versucht sich Ihr Gegenüber jetzt als Hobbypsychologe? Andererseits: Was ist ein Lehrer anderes als ein Teammanager oder Vorgesetzter während der Schulzeit? Die Frage nach Ihrem Lieblingslehrer verrät Ihrem Gegenüber, was Sie von einer Führungskraft erwarten und wie es für Ihren Vorgesetzten sein könnte, Sie als Mitarbeiter zu haben.

Ihre Antwort

Ich kann mich immer noch an meine Lehrer erinnern. Sie sicher auch, oder? Auf diese recht persönliche Frage sollten Sie auch persönlich antworten. Erzählen Sie mit eigenen Worten, was eine bestimmte Lehrkraft zu Ihrer Lieblingslehrerin oder Ihrem Lieblingslehrer gemacht hat. Und achten Sie darauf, sich selbst als ernsthaft und aufgeschlossen darzustellen. Vielleicht hatten Ihre Lehrer ja einen guten Einfluss auf Sie, der sich in einer bestimmten Eigenschaft oder Fähigkeit von Ihnen zeigt. Nutzen Sie die Chance für Eigenlob.

For me, the best teacher I ever had was my History teacher at secondary school. Whilst I find history interesting, it was certainly not one of my favourite subjects. I much prefer mathematics and science. However, through her passion for the subject, she was able to inspire me to become passionate about it too; to see beyond the straight facts and dates and to really see history come to life. She didn't just teach what was on the basic curriculum; she went much further than that. For example, we would plough through old newspaper cuttings and write articles as if we were journalists living and working in the period we were studying. By using unconventional techniques, she really engaged her students and I, consequently, achieved an A grade. Even now, I find the research and analysis techniques she taught me to be very useful in my current line of work.

TIPP

Es versteht sich von selbst, dass Sie Ihrem potenziellen Arbeitgeber nicht erzählen sollten, dass Sie keinen Ihrer Lehrer besonders großartig fanden. Das würde die Vermutung nahelegen, dass Sie ein Autoritätsproblem haben.

39. If you could meet any historical figure, who would it be and why?

- ▶ If you could meet any personality living or dead, who would it be and why?
- ▶ Who do you most admire and why?
- ▶ How good are you at taking the initiative?

Was hinter der Frage steckt

Die Frage ist gar nicht so verrückt, wie sie klingt. Wer erfährt, welchen Menschen Sie bewundern, weiß viel über Ihre Wertvorstellungen.

Ihre Antwort

Hier sollten Sie selbstverständlich jemanden nennen, der zweifellos Respekt und Bewunderung verdient und der für Ihren jetzigen Beruf in irgendeiner Form relevant ist! Im Idealfall weist diese Person einige Gemeinsamkeiten mit Ihnen auf oder zumindest mit dem Menschen, der Sie gerne wären. Über diese Gemeinsamkeiten können Sie dann sprechen.

Now that's a very interesting question. Let me just think a second ... I reckon I would like to have been able to meet William Shakespeare. I've always been fascinated by his work. I'd like to know how much of his work he achieved by himself, how much of it was more of a team effort, how he worked with his various collaborators, how the plays evolved over time ... I know that almost all of his plays were based on earlier sources but I'd still like to know from where he drew his inspiration and how he managed to make them his own. I'm also interested in the business side of things. Whereas a number of his contemporaries might also have achieved critical success at the time, none of them seems to have been nearly as competent as Shakespeare at handling practical matters and business relationships. He ended his life a rich man, rather than dying in poverty like some of his contemporaries. He clearly had a broad diversity of different talents; a very interesting person.

TIPP

Vermeiden Sie umstrittene Persönlichkeiten aus Politik und Religion und solche, deren Ruf nicht ganz astrein ist.

40. What are you most afraid of?

▶ What is your greatest fear?
▶ What keeps you up at night?

Was hinter der Frage steckt

Diese von Haus aus negativ besetzte Frage bringt Sie in Zugzwang. Ihr Gesprächspartner weiß genau, dass Sie sich hier nur schwer herauswinden können.

Ihre Antwort

Aufgepasst: Diese Frage wird nicht von einem Psychologen gestellt, sondern von einem Personalverantwortlichen. Das sollten Sie bei Ihrer Antwort im Hinterkopf haben. Vor was könnten Sie Angst haben? Katsaridaphobie (Angst vor Kakerlaken) und Telefonphobie sind hier nicht die richtigen Antworten; Atychiphobie (Angst vor Fehlern) vielleicht schon eher. Allerdings sollten Sie Ihren Gesprächspartner besser nicht mit Wörtern verwirren, von denen die meisten noch nie gehört haben. Außerdem könnte die Angst, Fehler zu machen, Sie als verunsicherten Perfektionisten dastehen lassen oder, noch schlimmer, als Pessimisten.

Am besten sagen Sie hier, dass Sie sich vor nichts Speziellem fürchten, oder – sofern die Frage nicht ausdrücklich berufsbezogen beantwortet werden muss – Sie erzählen von allgemeinen menschlichen Ängsten, zum Beispiel der Angst davor, dass einem Familienmitglied oder einem Freund etwas Schlimmes zustoßen könnte, z. B. eine ernsthafte Krankheit. Wenn Ihr Gesprächspartner nachbohrt, was er wahrscheinlich nur tun wird, wenn sich die Frage auf einen beruflichen Kontext bezieht, dann nehmen Sie ein Beispiel, das mit Ihrer Tätigkeit nicht direkt zu tun hat. Versuchen Sie dabei, ihre Angst möglichst herunterzuspielen und in Ihre Antwort einfließen zu lassen, wie Sie gegen Ihre Furcht ankämpfen.

There's really nothing that I'm particularly afraid of. Like most people, I do get somewhat nervous about having to give presentations, probably because it's not something I have to do very often and I've had no formal training in giving presentations. But I'm pretty good at controlling my nerves and focusing on the task in hand and my presentations are normally very well received. I try to bear in mind that you will always feel more nervous than you actually look and that helps me to feel a lot calmer. I also work hard to prepare very thoroughly for presentations. That really helps to boost my confidence.

TIPP

Mit dieser Frage bohrt Ihr Gegenüber, ähnlich wie mit der Top-10-Frage nach Ihren Schwächen, nach Informationen, die für ihn interessant sein könnten.

▶ What are your weaknesses? *(siehe S. 27)*

41. Why aren't you earning more?

▶ Why aren't you earning more at your age?
▶ Do you think you are being paid enough?

Was hinter der Frage steckt

Das ist ein Doppelangriff: Ihr Gesprächspartner setzt Sie mit seiner recht plumpen und aggressiven Frage unter Stress und möchte außerdem wissen, wie Sie sich für die von Ihnen eingeschlagene Laufbahn rechtfertigen.

Ihre Antwort

Wie bei anderen heiklen Fragen ist es auch hier wichtig, ruhig zu bleiben und sich nicht in die Defensive treiben zu lassen. Am besten begründen Sie Ihre beruflichen Entscheidungen damit, dass sie Sie dort hingebracht haben, wo Sie heute sind, und dass Sie auch erwarten können, mehr als vorher zu verdienen. Geben Sie auf diese Frage, die auf eine Schwäche abzielt, eine Antwort, in der Sie Ihre Stärken herausstellen.

Rather than focus on short-term earnings, I have been more focused during my career to date on gaining a broad variety of marketable skills and experience. I've been focused on developing within my line of work and have, consequently, deliberately chosen certain jobs not because of the financial package but because of what I would learn from them. I've certainly never changed jobs just because of financial incentives. Training and development opportunities have, to date, always been more important to me. However, I'm not saying that I'm not now very keen to realise my worth. I fully recognise my current market value and achieving a respectable market value is one of my long-term goals.

 TIPP

Begründen Sie Ihre beruflichen Entscheidungen auf jeden Fall, ohne sich in die Defensive zu begeben. Ihr Gegenüber darf Sie nicht dazu bringen, dass Sie zugeben, auf Ihrem beruflichem Weg etwas falsch gemacht zu haben.

42. How much do you think you are really worth?

▶ What salary package are you expecting for this role? *(siehe S. 93)*

Was hinter der Frage steckt

Ihr potenzieller Arbeitgeber bittet Sie hier nicht direkt um konkrete Zahlen (auch wenn zu erwarten ist, dass er das wahrscheinlich noch tun wird), sondern um eine Stellungnahme, was Sie Ihrer Meinung nach wert sind und warum.

Ihre Antwort

Eine ausgezeichnete Chance, kräftig die Werbetrommel in eigener Sache zu rühren! Man hat Ihnen die Gelegenheit dazu geliefert, machen Sie also so viel wie möglich daraus! Diese Art Frage taucht normalerweise erst gegen Ende des Vorstellungsgesprächs auf. Sie hatten also genügend Zeit in etwa einzuschätzen, nach was gesucht wird, und können sich nun so präsentieren, dass Sie den Anforderungen nicht nur entsprechen, sondern diese sogar noch übertreffen.

Jetzt geht es um die Wurst. Nutzen Sie diese Frage, um prägnant und überzeugend darzulegen, weshalb Sie für das Unternehmen ausgesprochen wertvoll sein können.

> I feel I have significant worth to a prospective employer and to your organisation in particular. My broad range of experience has enabled me to develop the precise skills you are looking for and I'm a perfect match for the job description you've outlined. Whilst you listed knowledge of French as 'desirable', my French is fluent, and having worked for a few months in France, I also have a good understanding of French culture and the way French business operates. As you're intending to start exporting to France – clearly a major potential market – I believe I could be a very valuable asset to your organisation. Whilst the salary package on offer won't necessarily be the deciding factor in my choice, I am aware of my value and am naturally keen to be remunerated in a manner which best reflects my worth.

TIPP

Wenn Sie im Verkauf oder einem anderen stark umsatzorientierten Bereich weitgehend auf Provisionsbasis arbeiten, ist diese Frage von noch größerer Bedeutung. Sie öffnet das Feld für Verhandlungen über konkrete Zahlen. Sie müssen also überzeugende Argumente liefern.

43. How much does money matter to you?

▶ How important is money to you?
▶ If you won the lottery, would you stop working?

Was hinter der Frage steckt
Nein, diese Frage bedeutet nicht, dass man Ihnen gleich ein lächerliches Gehaltsangebot machen wird. Ihr Gesprächspartner möchte sich über Ihr Wertesystem informieren. Er will wissen, was Sie motiviert und antreibt.

TIPP

Diese Frage ist eng verwandt mit der Frage nach einem potenziellen Lotterie-gewinn, die wir schon behandelt haben.

▶ If you won the lottery, what would you do? *(siehe S. 167)*

Ihre Antwort

Geld ist für fast jeden wichtig, aber ist es auch das Wichtigste? Egal, was Sie für eine Meinung zu dem Thema haben, Sie sollten nicht den Eindruck erwecken, dass für Sie nur Geld zählt, das beeindruckt Ihr Gegenüber nicht. Führen Sie stattdessen andere Beweggründe an, weshalb Sie jeden Tag in der Arbeit erscheinen und nicht daheimbleiben, auf dem Sofa sitzen und fernsehen. Versuchen Sie möglichst einen Bezug zu der Stelle herzustellen, um die Sie sich bewerben.

I think money probably matters to me about as much as it does to anyone. It's obviously vital and necessary for us to live and prosper but, at the same time, it's not my single most important driving force. I see money very much as a means to an end, not an end in itself. Whilst being appropriately and fairly rewarded for the work I do and for what I achieve for an organisation is something that I take seriously, there are many other factors which motivate, drive and inspire me, in particular, the desire to learn and to develop, both professionally and personally. I wouldn't, for example, decide to change jobs purely for financial reasons. There would have to be a number of other positive reasons for me to make such a decision, as there are in the case of the job for which I am now being interviewed. You're offering an interesting and compelling new challenge in a wellregarded organisation with considerable scope for me to progress significantly in my chosen career path.

TIPP

Wenn Sie im Verkauf oder einem anderen stark umsatzorientierten Bereich weitgehend auf Provisionsbasis arbeiten, herrschen eigene Gesetze. Grund-sätzlich gilt dasselbe wie bei der vorherigen Frage.

44. Would you still be interested in this job if your current employer offered a pay rise?

▶ Would you still be interested in this job if your current employer offered a promotion?

▶ What will you do if your current employer makes you a counter-offer?

Was hinter der Frage steckt

Ihr Gesprächspartner testet, wie ernst es Ihnen mit einer Veränderung ist und welche Beweggründe dahinterstehen. Geht es Ihnen nur ums Geld? Verschwendet Ihr Gegenüber womöglich mit Ihnen seine Zeit? Oder sind Sie wirklich überzeugt von dieser neuen Chance? Vielleicht haben Sie ja gar keine ernsthaften Absichten, sondern möchten nur eine bessere Vorstellung von Ihrem Marktwert bekommen oder, noch schlimmer, sich lediglich etwas Praxis für Vorstellungsgespräche aneignen? Geht es einem Bewerber nur darum, kann man ihn mit einer solchen Frage leicht ertappen.

Ihre Antwort

Es kann gut sein, dass Ihr Arbeitgeber Sie halten will. Sie müssen damit rechnen, dass er Ihnen möglicherweise eine Gehaltserhöhung anbietet. Sie könnten durchaus versucht sein, auf ein solches Angebot einzugehen. Daher sollten Sie unbedingt daran denken, welche Gründe Sie überhaupt dazu bewogen haben, sich anderweitig zu bewerben. War Geld wirklich der Hauptgrund?

Das heißt nicht, dass Sie derartige Gegenangebote nicht ernsthaft in Betracht ziehen und gegebenenfalls annehmen können. Aber lassen Sie hier Vorsicht walten. Forschungsergebnisse zeigen nämlich, dass Leute, die solche Gegenangebote annehmen, in der Regel innerhalb eines Jahres weiterziehen. Geld ist selten der einzige Grund dafür, über eine Veränderung nachzudenken.

Um wieder auf die Frage zurückzukommen: Sie müssen antworten, dass Sie trotzdem weiter an der Stelle interessiert wären und Ihre Gründe dafür erläutern.

I would most definitely still be interested in this job, even if my current
employer did offer me a pay rise. Money is not my only motivator.
Whilst I would obviously have to give their offer some consideration,
I would remind myself of the specific reasons for wanting to move on to
a new job in the first place and it's more than just a question of money.
I'm looking for a new challenge. I'm looking for new opportunities to
develop and progress. In short, I'm looking for just the kind of role you
are currently offering.

 TIPP

Neben einer Gehaltserhöhung bietet Ihnen Ihr gegenwärtiger Arbeitgeber vielleicht sogar eine Beförderung an oder die Versetzung in einen anderen Bereich
bzw. eine andere Abteilung. So ein Angebot muss gründlich durchdacht werden. Wie interessant ist die angebotene neue Stelle für Sie im Vergleich zu der
Stelle, um die Sie sich bewerben? Genau auf dieses Szenario könnte Sie auch
Ihr Gesprächspartner ansprechen.

45. Have you ever had to take a pay cut to keep your job?

▶ Have you ever had your pay reduced as an alternative to being made
redundant?

▶ Would you take a pay cut to keep your job?

▶ Have you ever left a job because you refused to take a pay cut?

Was hinter der Frage steckt

Ihr Gesprächspartner möchte hier wissen, ob Sie schon einmal Gehalts-
kürzungen in Kauf nehmen mussten, um Ihre Stelle zu behalten. Wenn ja, sagt
Ihr Umgang mit einer solchen Situation viel darüber aus, ob Sie diverse Optionen gegeneinander abwägen und zugunsten langfristiger Ziele auch harte, aber
notwendige Entscheidungen treffen können.

Ihre Antwort

Lautet Ihre Antwort auf diese Frage „Nein", dann reicht es, dies einfach zu
sagen. Sollten Sie diese Situation aber tatsächlich aus eigener Erfahrung kennen, dann sagen dies auch. Letztlich geht es hier nicht um etwas, was Ihnen

zugestoßen ist, sondern Sie standen vor einer bewussten Entscheidung: Die Gehaltskürzung entweder hinzunehmen und die Stelle zu behalten oder diese abzulehnen und sich zu verändern. Erläutern Sie, weshalb Sie sich für Ersteres entschieden haben und stellen Sie dabei Ihr Engagement und Ihre Loyalität Ihrem Arbeitgeber gegenüber heraus.

> As my company entered the last recession, it was particularly badly hit financially. It was clear that they couldn't continue as they had been at least in the short term. They considered redundancies, and, after consulting with the staff, we reached agreement that we would all take a 25 per cent pay cut so as to stave off any redundancies, on condition of receiving a degree of equity in the company. I agreed to this because I could see that it was just a short-term situation, I had confidence in my employers and I felt that it was more important to concentrate on the long-term benefits. Staying with the company during the recession taught me a great deal about cost management and how to remain competitive in business even when under significant financial strain. I gained excellent experience as a result and also ended up with shares in the company, which have now increased significantly in value.

46. Have you ever asked for but been refused a pay rise?

▶ Have you ever been refused a pay rise?

Was hinter der Frage steckt
Wenn es Ihrem Gesprächspartner gelingt, Ihnen hier ein „Ja" zu entlocken, sollten Sie eine gute Erklärung dafür bereithalten, sonst sind Sie schnell als jemand abgestempelt, der womöglich seinen Wert überschätzt und daher zu einem Problem werden könnte.

Ihre Antwort
Wenn Ihnen noch nie eine Gehaltserhöhung verweigert wurde, ist die Antwort unkompliziert. Falls doch, ist das Kniffligste an dieser Frage, wie Sie hier mit der Wahrheit umgehen. Es liegt mir fern, Sie zum Lügen anzustiften, aber wenn Sie keinen wirklich nachvollziehbaren Grund dafür angeben können, ist

es vielleicht in diesem Fall besser, auf Nummer sicher zu gehen und die Frage zu verneinen – vorausgesetzt, Sie sind sich sicher, dass Ihr Gegenüber keinesfalls die Wahrheit erfährt. Aber auch für den Fall, dass Sie erstens ein überaus ehrlicher Mensch sind und Sie zweitens tatsächlich gute Gründe für Ihr Handeln nennen können, gebe ich Ihnen ein Beispiel an die Hand.

> Yes, I have. In asking for a pay rise, I outlined the progress I had made since I started the role, demonstrating to the HR manager the value I added to the organisation, which, in my opinion, warranted a higher level of remuneration. I gave precise examples to back up and support my claims and I felt I had demonstrated what I was really worth. However, the management decided to decline my request, citing financial problems in the company, and given that I had already been offered another job at that salary level and with good potential for further professional development, I decided it was necessary for me to move on. Sometimes you just have to move on in order to move upwards. I would have been quite happy to stay but, with children to support, I had to take the decision to leave. Having accepted the other offer, my employers did then make a counter-offer but, having committed to the new opportunity, I felt that I had to honour that commitment.

47. Do you have any medical conditions to declare?

▶ Do you have a disability of any sort?
▶ How do you cope with your disability?

Was hinter der Frage steckt

Welche Fragen im Vorstellungsgespräch erlaubt sind und welche nicht, kommt auf das Land an, in dem Sie sich bewerben. Meist muss bei Fragen nach einer Behinderung oder einer Krankheit ein direkter Zusammenhang zum Arbeitsplatz bestehen.

Ihre Antwort

Ein Arbeitgeber hat Interesse daran, dass Sie Ihren Arbeitsplatz effizient ausfüllen. Wenn Sie gesundheitliche Probleme oder eine Behinderung haben,
sollten Sie kurz über die Art der Beeinträchtigung informieren und – sofern
dies überhaupt nötig ist – detailliert mitteilen, welche Maßnahmen erforderlich wären, damit Sie die zu besetzende Position übernehmen können.

Eventuelle Bedenken können Sie in der Regel zerstreuen, indem Sie auf
öffentliche Zuschüsse für Hilfsmittel am Arbeitsplatz verweisen. Es schadet
nicht, wenn Sie versichern, dass Sie mithilfe bestimmter Hilfsmittel die Tätigkeit ebenso effizient ausführen können wie jeder andere auch.

 I am partially deaf in my left ear but I wear a very discreet hearing aid
in that ear and this effectively resolves the problem. No adjustments
would be required on your part to accommodate this minor disability.
As you can see from my CV, it has no impact on my ability to get the
job done.

 TIPP

Achtung: Bei der folgenden Frage geht es um etwas anderes.
▶ What's your sickness record like? *(siehe S. 113)*

48. Why do you want to relocate?

▶ For what reasons does the idea of relocation appeal to you?

Was hinter der Frage steckt

Hier möchte Ihr Gesprächspartner einfach wissen, weshalb Sie bereit sind, für
die neue Stelle umzuziehen. Er interessiert sich für Ihre Entscheidungsfindung
und will sich vergewissern, ob Sie über das Thema Umzug auch gründlich
nachgedacht haben.

Ihre Antwort

Also, warum möchten Sie umziehen? Weil die Stelle eine große Chance ist,
die Sie nicht verpassen möchten? Weil Sie dann näher bei Verwandten oder

Freunden sind? Musste Ihr (Ehe-)Partner bereits an diesen Ort ziehen? Oder haben Sie Kinder und möchten, dass diese an eine gute Schule gehen können, in einer ländlichen Umgebung oder etwa auch in der Nähe zum Meer aufwachsen? Es gibt viele denkbare Gründe für einen Umzug, aber nur eine angemessene Antwort auf diese Frage: Ihr Hauptgrund für einen Umzug sind natürlich die fantastischen Möglichkeiten, die Sie sich von dieser Stelle versprechen. Sie können, wenn es passt, weitere gute Gründe vorbringen. Doch vor allem sollten Sie Ihrem Gegenüber verdeutlichen, wie begeistert Sie von der Position sind, für die Sie sich bewerben.

> I principally want to locate because of the excellent opportunity I feel this role within your organisation represents. I am very interested in the role and believe that it warrants my relocation. In this respect alone, the benefits outweigh any possible downside. Furthermore, my sister and her family live in Hampshire and I'd certainly like to move to be closer to them and I'd also like for my children to be closer to them too. There are also some very good local schools. I've given it a good deal of thought, but everything points towards it being the right decision.

TIPP

Lassen Sie keinesfalls den Eindruck entstehen, dass Sie gezwungenermaßen umziehen. Stellen Sie die Ortsveränderung als positive Entscheidung Ihrerseits dar!

49. Can you perceive any problems in relocating?

▶ Are you willing to relocate if necessary?
▶ Are you willing to go where the organisation sends you?

Was hinter der Frage steckt

Wenn ein Umzug für die neue Stelle notwendig ist, ist dies einfach eine Sachfrage. Wurde zuvor jedoch nichts von einem Umzug erwähnt, dann hat das Unternehmen entweder hier nicht klar kommuniziert oder Ihr Gegenüber möchte Sie in Zugzwang bringen.

Ihre Antwort

Wenn Ihnen bewusst ist, dass sie für die neue Stelle umziehen müssen, dann antworten Sie einfach, dass Sie darauf eingestellt sind und darin überhaupt kein Problem sehen. Sie können gegebenenfalls erwähnen, dass Sie schon früher wegen einer neuen Stelle oder während Ihrer Tätigkeit für ein anderes Unternehmen umgezogen sind. War das nicht der Fall, sagen Sie einfach, Sie hätten sich die Sache gründlich überlegt und seien glücklich mit Ihrer Entscheidung.

Was tun, wenn Sie erst im Vorstellungsgespräch erfahren, dass Sie möglicherweise umziehen müssen? Merken Sie an, dass Sie gerade zum ersten Mal davon hören und dass Sie bereit wären, dies in Erwägung zu ziehen. Wenn ein Umzug für Sie keinesfalls in Frage kommt und Sie dies Ihrem Gesprächspartner auch erzählen, bringt Sie das ins Hintertreffen – unabhängig davon, ob ein Umzug überhaupt spruchreif wird. Denken Sie also daran: Wenn man von Ihnen verlangt umzuziehen und Sie das nicht wollen, können Sie das Stellenangebot immer noch ablehnen, aber erst einmal müssen Sie ihr Ziel – nämlich eine Zusage – erreichen.

> I haven't actually been previously made aware that relocation was a possibility. It hasn't been mentioned to me. However, it's something that I would be prepared to consider. This role within your organisation is very appealing and, if offered the job, I may well decide that it would warrant relocating. It would of course depend on your offer and on the precise circumstances. Can you tell me a little bit more about this issue of relocation, please? I can then give it some further thought.

50. How would you react if I were to offer you this job on the spot?

▶ What would you say if I were to offer you this job immediately?
▶ What would be your answer if I were to offer you this job now?

Was hinter der Frage steckt

Eine interessante Frage, mit der Ihr Gegenüber möglicherweise testen will, wie es um Ihre Kompetenz in Sachen Entscheidungsfindung und Verhandlungsgeschick bestellt ist. Im Vorstellungsgespräch geht es schließlich darum, eine langfristige Vereinbarung zu treffen – und in diesem Fall sind Sie das Produkt. Die Art und Weise, wie Sie mit dieser Frage umgehen, vermittelt Ihrem Gegenüber einen Eindruck davon, wie Sie (beispielsweise mit einem potenziellen Lieferanten) verhandeln.

Ihre Antwort

Nein, Sie springen jetzt nicht auf und küssen Ihren Gesprächspartner. Er sagt nämlich nicht, dass er Ihnen die Stelle jetzt und sofort anbietet. Er fragt lediglich, wie Sie auf ein solches Angebot reagieren würden.

Es gibt hier zunächst zwei Möglichkeiten. Variante A: Sie sagen, Sie würden das Angebot sofort annehmen. Oder Variante B: Sie sagen, dass Sie erst noch mehr Informationen und auch etwas Bedenkzeit brauchen. Ich plädiere für Letzteres. Das heißt nicht, dass Sie Ihr Interesse an dieser Stelle nicht bekräftigen sollten, aber wenn noch keine Details (zum Beispiel zum Gehalt) kommuniziert wurden, ist es nur vernünftig, wenn Sie diese Informationen bekommen möchten und dann auch etwas Zeit benötigen, um Ihre Entscheidung zu durchdenken. Das sollte man respektieren.

Oder haben Sie inzwischen festgestellt, dass diese Stelle doch nicht die Richtige für Sie ist und Sie anderswo für sich bessere Möglichkeiten sehen? Sagen Sie auch in diesem Fall nicht, dass Sie ablehnen oder warten Sie zumindest ab, ob man Ihnen überhaupt ein Angebot macht. Ein solches Angebot könnte in anderen Verhandlungen von Nutzen sein.

I'd be very pleased. I am definitely very interested in this role and in your organisation. However, before formally accepting, I would need to see the precise terms of your offer so as to see how it compares to other offers I have received, and I'd subsequently need a little time to think over my various options and decide which one I should be pursuing. It's an important decision and obviously not something I should be in a rush to make. But, if you'd like to make me an offer, then I'll obviously give it my serious consideration.

Einige ganz
schön schräge Fragen

Erfahrungen mit verrückten Fragen?

In diesem Buch werden viele verschiedene Fragen, die in einem Vorstellungsgespräch vorkommen können, abgedeckt. Es kommt aber immer wieder vor,
dass neue, ungewöhnliche, schräge, verrückte oder besonders schwierige Fragen, die noch in keinem Buch zu diesem Thema aufgeführt worden sind, gestellt werden.

Wenn man Ihnen irgendwann eine besondere Frage gestellt hat, die Sie ver-
blüfft oder erschreckt hat oder mit der Sie wirklich zu kämpfen hatten, dann
freue ich mich über eine Rückmeldung.

1. See this pen? Can you sell it to me?

▶ See this pencil / paperclip / computer / desk / mobile phone / shoe …

Was hinter der Frage steckt

Sie meinen, so eine Frage wird doch nur Verkäufern gestellt? Täuschen Sie sich nicht! Sie kann so gut wie jedem begegnen, unabhängig davon, ob Verkaufsgeschick für die jeweilige Tätigkeit wichtig ist oder nicht. Diese Frage zwingt den Bewerber dazu, schnell zu reagieren, was für den Personalentscheider sehr aufschlussreich ist. Nicht zuletzt zeigt sich, wie klar jemand denken und kommunizieren kann. Diese Frage taucht regelmäßig in Vorstellungsgesprächen auf!

Ihre Antwort

Wie Sie die Frage beantworten, hängt von Ihrem Beruf ab. Wenn Sie im Verkauf tätig sind, brauchen Sie meinen Rat eigentlich gar nicht. Sie müssen nur Ihren gewohnten Jargon und Ihre üblichen Strategien präsentieren, schnell einen Preis erfinden, Sonderangebote, Zahlungsbedingungen usw. – auf die Details kommt es nicht an. Was zählt, sind Ihre Methoden und dass Sie die Bedürfnisse des Kunden erkennen und die Vorzüge des Produkts darauf abstimmen.

Arbeiten Sie jedoch nicht im Verkauf – was auf die meisten zutrifft – ist die Antwort etwas kniffliger. Aber keine Panik, Ihr Gegenüber weiß sehr wohl, dass Verkaufen nicht Ihr Metier ist und erwartet von Ihnen auch kein Arsenal an Verkaufstechniken. Bleiben Sie einfach heiter und freundlich und konzentrieren Sie sich auf Folgendes:

- Bringen Sie Ihren Gesprächspartner dazu zu verraten, welche Leistungsmerkmale ihm bei dem Artikel wichtig sind!
- Beschreiben Sie den Gegenstand, seine Eigenschaften und Vorteile!
- Sprechen Sie über die Preisgestaltung (die müssen Sie sich ad hoc ausdenken)!
- Fordern Sie ihn direkt zum Kauf auf!

I'm sure you'll agree with me that a pen is vital to your day-to-day work and it's, therefore, important to make sure you've got just the right one. This pen is solidly constructed so as to be durable for everyday use, even if it rolls off your desk onto the floor. It has a plentiful ink reserve so there's less chance of the pen running dry at a critical moment. It fits comfortably into the hand and even has a clip so you can safely attach it to your jacket pocket when you're on the move. I can offer you this pen at the very reasonable price of 20 pence. However, if you were to take three – I'm sure your colleagues would also be interested – then I could offer you a 20 per cent discount, making a total of just 48 pence. How many would you like?

TIPP

Es ist wichtig, dass Ihre Antwort nicht einstudiert klingt. Wenn sofort klar ist, dass Sie sich auf diese Frage vorbereitet und das Ausgedachte auswendig gelernt haben, wirkt die Antwort nur noch halb so überzeugend.

2. If you were an animal at the zoo, which animal would you be and why?

- ▶ If you were a dog, what breed of dog would you be?
- ▶ If you were a biscuit, what type of biscuit would you be?
- ▶ What type of ice cream are you?
- ▶ If you were a make of car, what make would you be?
- ▶ If you were a fruit, what fruit would you be?
- ▶ Which dinosaur would you like to be?

Was hinter der Frage steckt

Oberflächlich betrachtet ist das eine ziemlich unsinnige Frage. Die Antworten darauf können aber aufschlussreich sein. Ihr Gegenüber testet, ob Sie schnell reagieren können, möchte aber auch einen Einblick in Ihre Selbstwahrnehmung bekommen.

Ihre Antwort

Das ist definitv eine der am schwierigsten zu beantwortenden Fragen. Sie müssen gedanklich schnell alle möglichen Tierarten durchgehen (oder Hunderassen, Automarken etc.) und dann ein Tier wählen, das bestimmte positive Eigenschaften hat, die den Ihren entsprechen.

> I can't say anyone has ever asked me that before! If I could just have a second to think about it. Right, the chimpanzee springs to mind. They're a lot like humans really. They work together as a team, cooperate with each other for the benefit of the whole group, are sensitive to each other socially and they always seem to have a good sense of fun and humour. I'm also rather fond of bananas!

3. Why don't polar bears eat penguins?

▶ Why do butterflies generally come out during the day and moths generally come out at night?
▶ Is a tomato a vegetable?

Was hinter der Frage steckt

Es handelt sich hier um eine Frage zur Allgemeinbildung. Eisbären fressen keine Pinguine, weil Eisbären in der Arktis leben und Pinguine in der Antarktis. Bei so einer Art Frage geht Ihr Gesprächspartner davon aus, dass die meisten sie nicht richtig beantworten können, und falls doch, interessiert ihn das nicht sonderlich. Wie durchdacht Ihre Antwort ist, interessiert ihn schon.

Ihre Antwort

Wenn Sie weder die richtige Antwort wissen, noch mit einer Antwort wie „Weil sie die Verpackung nicht aufkriegen!" Sinn für Humor demonstrieren wollen, müssen Sie zeigen, dass Sie die Situation analysieren und mögliche Theorien aufstellen können. Tatsächlich sind Sie vermutlich kein Zoologe und haben hier die Gelegenheit, eine unkonventionelle Problemlösung zu finden.

I'm afraid I'll have to admit that biology isn't one of my strong points. I do enjoy watching documentaries, but I haven't seen one yet which would give me the answer to this question. I can think of a number of possible hypotheses: maybe penguins are too small for a polar bear to bother with and they stick to larger prey, maybe polar bears aren't fast enough to catch a penguin, perhaps there's something toxic about penguins – some form of defence mechanism, maybe polar bears live and hunt inland but penguins spend most of their time in the water or at the water's edge. I obviously don't know for sure but these would be my possible ideas. Am I close?

4. How many ways can you get a needle out of a haystack?

▶ How many ways can you find a lost ring on a sandy beach?

Was hinter der Frage steckt

Eine weitere Frage, die tatsächlich schon gestellt wurde. Hier wird zum einen Ihre naturwissenschaftliche Allgemeinbildung getestet, zum anderen Ihr gesunder Menschenverstand und Ihre Fähigkeit, in großen Zusammenhängen zu denken, einen kühlen Kopf zu bewahren und nicht die Fassung zu verlieren. Keiner erwartet hier, dass Sie so eine Frage zu 100 Prozent richtig lösen.

Ihre Antwort

Sie wissen ja bereits, dass Sie sich von sonderbaren oder auch geradezu blödsinnigen Fragen nicht aus der Fassung bringen lassen dürfen und auch keine merkwürdige, hirnrissige Antwort liefern sollen. Sie sollten sich vielmehr ernsthaft bemühen, logisch nachzudenken. Von der Idee, tatsächlich nach der Nadel im Heuhaufen zu suchen, sollten Sie ganz schnell Abstand nehmen. Überlegen Sie stattdessen in diese Richtung: Was würde geschehen, wenn Sie den Heuhaufen abbrennen ließen? Wenn das Heu gefressen würde? Wenn ein Sturm aufkäme? Könnte Wasser zum Einsatz kommen? Magnetismus? Welche weiteren Methoden könnte es noch geben? Lassen Sie Ihrer Fantasie freien Lauf!

Quite a few! I could try a really large magnet to pull the needle out. I could also get hold of a wind machine and blow the hay away. Or get a large water tank, put the hay in it and I'd find the needle at the bottom. Or burn it and sift through the ashes. If I had plenty of time, I could guide a herd of cows to the haystack and have them eat the lot, then wait for the needle to emerge or one cow to collapse! Then there's always the possibility of using a metal detector.

Ihre eigenen Fragen –
am Ende des Vorstellungsgesprächs

Nutzen Sie diese Chance

Bei den meisten Vorstellungsgesprächen wird der Bewerber am Ende des Gesprächs gefragt: „Haben Sie irgendwelche Fragen an mich / uns?" Fast alle Personalentscheider geben Ihnen also die Möglichkeit, Fragen zu stellen. Sie sollten diese Chance nutzen, um zu signalisieren, dass Sie interessiert und begeistert sind. Tun Sie das nicht, machen Sie einen passiven und desinteressierten Eindruck.

Viele Bewerber machen einen gravierenden Fehler: Sie bereiten keine eigenen Fragen vor, die Sie am Schluss des Vorstellungsgesprächs stellen können!

 STATISTISCHES

Bei einer Umfrage gaben 29 Prozent der Personaler an, dass es für sie als Grund dafür ausreicht, einen Bewerber durchfallen zu lassen, wenn dieser am Ende des Vorstellungsgesprächs keine oder unpassende Fragen stellt.

Was man fragen sollte

Stellen Sie nicht zu viele Fragen, schließlich sind Sie derjenige, von dem man etwas wissen will. Einige sinnvolle Fragen sollten Sie sich aber schon zurechtlegen. Im Folgenden nenne ich Ihnen einige Beispiele:

> ▶ What are the top priorities for my first six months in the job?
> ▶ What would you expect from me in my first 100 days on the job?
> ▶ In what ways does this role impact on the growth of the organisation?
> ▶ How has this role evolved since it was created?
> ▶ How would you describe the team I will be working with?
> ▶ How would you describe the work culture here?
> ▶ What do you enjoy most about working here?
> ▶ How do you see my role evolving over the next two to three years?
> ▶ How do you see the organisation evolving over the next five years?
> ▶ Are there any plans for expansion?
> ▶ How does the organisation measure its success?
> ▶ In what ways is performance measured?
> ▶ What training and professional development opportunities will be available?
> ▶ What scope is there for future promotion?

Ihnen ist sicher aufgefallen, dass ich die Fragen so formuliert habe, als hätten Sie die Stelle bereits in der Tasche. Diese subtile Taktik suggeriert Selbstvertrauen und trägt dazu bei, Ihren Gesprächspartner noch stärker davon zu überzeugen, dass Sie der richtige Kandidat für die Stelle sind.

Ein letzter Verkaufstrick

Wenn Sie nach einer Fähigkeit, die Ihrer Meinung nach für die zu besetzende Stelle wichtig sein könnte, noch nicht gefragt wurden, dann trauen Sie sich ruhig, diesen Punkt am Schluss des Vorstellungsgesprächs selbst anzusprechen. Sie könnten beispielsweise fragen, wie wichtig diese oder jene Kompetenz für die Stelle ist. Wenn Ihr Gegenüber antwortet, dass die betreffende Fähigkeit in der Tat wichtig ist, bietet er Ihnen damit die perfekte Gelegenheit, ein Beispiel aus dem Ärmel zu ziehen, das beweist, dass Sie über diese Kompetenz verfügen.

Taktik für „Fortgeschrittene"

Eine weitere gute Frage ist die, ob Ihr Gesprächspartner irgendwelche Bedenken bezüglich Ihrer Bewerbung hat und, falls ja, welche. Diese Frage zu stellen, erfordert natürlich eine Portion Mut und Sie sollten sich wirklich sicher sein, dass Sie über eventuelle Vorbehalte Ihres potenziellen Arbeitgebers sprechen wollen. Vermutlich ist allerdings hierfür die letzte Gelegenheit in diesem Gespräch. Das ist eine Taktik für „Fortgeschrittene". Aber wenn Sie möglicherweise vorhandene Bedenken des Personalentscheiders auf diese Weise aus der Welt schaffen können, haben Sie viel erreicht. Zumindest ist es eine Frage, mit der Sie Selbstsicherheit demonstrieren.

FAUX-PAS

Fragen Sie nicht irgendetwas, nur um zu fragen. Eine Bewerberin, die sich nach den Urlaubsplänen Ihres Gegenübers erkundigte, hinterließ natürlich keinen besonders guten Eindruck.

Themen, die man vermeiden sollte

Vermeiden Sie vor allem Fragen, bei denen Ihr Gesprächspartner erwarten kann, dass Sie die Antworten bereits kennen. Dazu gehören Fragen zum Unternehmen, die ein Blick auf die Homepage rasch beantwortet hätte. Mit solchen Fragen geben Sie preis, dass Sie sich vorab nicht ausreichend informiert haben.

Am besten vermeidet man auch Fragen zu Gehalt und Urlaub, außer natürlich, Ihr potenzieller Arbeitgeber wirft diese von sich aus auf. Solche Themen kann man immer noch in einem späteren Gespräch anschneiden, in diesem Stadium des Bewerbungsprozesses sind sie nicht angebracht. Sie würden den Schwerpunkt zu stark auf das legen, was Ihnen der Arbeitgeber bieten kann, anstatt auf das, was Sie ihm bieten können.

Sie sollten auch keine Fragen stellen, die Ihr Gesprächspartner vermutlich nicht beantworten kann. Wenn Ihr Gegenüber in einer zentralen Personalabteilung arbeitet, wird er kaum zu allen Details, die andere Abteilungen betreffen, Auskunft geben können.

 TIPP

Egal, welche Fragen Sie stellen, denken Sie stets daran, dass diese viel über Sie verraten können: über Ihre Denkweise, Ihre Beweggründe, Bedürfnisse usw. Seien Sie sich dessen bewusst und versuchen Sie, Ihre Fragen optimistisch und positiv zu formulieren.

Was man NICHT fragen sollte

Es ist schwer, konkrete Ratschläge zu geben, welche Fragen nicht gestellt werden sollten, weil es immer auf die jeweiligen Umstände ankommt. Trotzdem liste ich einige Fragen auf, die generell nicht angebracht sind:

- ▶ How long have you been in business / operating for?
- ▶ Who founded / owns the company?
- ▶ Who are your main competitors?
- ▶ How is this industry / sector evolving?
- ▶ What is the salary on offer?
- ▶ When could I expect a pay review?
- ▶ How many days paid holiday do I get?
- ▶ Will I be expected to work overtime?
- ▶ If I work overtime, will I get time off in lieu?
- ▶ Is there sick pay?
- ▶ Do you provide childcare?
- ▶ What other perks are there in the package on offer?
- ▶ Are there any non-compete clauses in the contract?
- ▶ Have you made any redundancies recently?
- ▶ How did I do?
- ▶ Which bus should I get to go to …?

Am Schluss

Abschließend sollten Sie erfragen, wann Sie mit einer Entscheidung rechnen können. Hier ist vieles möglich: Von „noch am selben Tag" (in diesem Fall könnte man Sie sogar bitten, gleich auf die Entscheidung zu warten) bis „in einigen Wochen".

Fragen Sie besser nicht, ob das Vorstellungsgespräch nach Ansicht Ihres Gesprächspartners gut verlaufen ist. Das riecht nach Verzweiflung. Behalten Sie die Nerven! Und vergessen Sie nicht, Ihrem Gesprächspartner vor Ihrem Aufbruch für seine Zeit zu danken!

 FAUX-PAS

Es soll einen Bewerber gegeben haben, der gesagt hat, dass das Vorstellungsgespräch seinem Gefühl nach nicht sehr gut gelaufen ist, und dann gleich nach weiteren freien Stellen im Unternehmen gefragt hat …

Die 15 häufigsten Fehler
– und wie man sie vermeidet

Immer wieder die gleichen Fehler

Bei Vorstellungsgesprächen treten immer wieder die gleichen Fehler auf. Viel zu viele Bewerber bekommen ihren Traumjob nur deshalb nicht, weil sie Schnitzer machen, die sich leicht vermeiden ließen.

Um welche Fehler es sich hierbei handelt, liegt mehr oder weniger auf der Hand. *The CV Centre*© hat eine Untersuchung hierzu durchgeführt. Die „Top 15", die sich daraus ergeben haben, liste ich im Folgenden für Sie auf. Wie immer lautet das Motto: Gefahr erkannt, Gefahr gebannt!

1. Unzureichende Informationen über die Stelle, um die man sich bewirbt

Was können Sie tun, um die Nervosität vor dem Vorstellungsgespräch in den Griff zu bekommen? Ganz einfach: Bereiten Sie sich vor! Der erste Punkt auf Ihrer Liste sollte eine gründliche Recherche bezüglich der zu besetzenden Stelle sein.

Nicht Bescheid zu wissen, gehört zu den gröbsten Schnitzern, die einem bei einem Vorstellungsgespräch unterlaufen können. Ein weiterer gravierender Fehler ist, wenn man dem Gesprächspartner nicht erklären kann, inwiefern man dem Anforderungsprofil entspricht.

Um einem Personalentscheider vermitteln zu können, dass man der oder die Richtige für die Position ist, muss man erst für sich selbst klären, weshalb das so ist. Das wiederum kann man erst dann, wenn man gründlich recherchiert und genau verstanden hat, um was es bei der Position geht.

2. Unzureichende Informationen über das Unternehmen, bei dem man sich bewirbt

Eine Reihe beliebter Fragen beim Vorstellungsgespräch zielt darauf ab, Ihr Wissen über das Unternehmen, bei dem Sie sich bewerben, auf den Prüfstand zu stellen. Ihr Gesprächspartner geht davon aus, dass Sie Ihre Hausaufgaben gemacht haben. Wenn Sie sich nicht ausreichend vorbereitet haben und diese Fragen nicht angemessen beantworten können, gibt das einen dicken Minuspunkt für Ihre Bewerbung.

Nicht nur unzureichende Informationen *über die Stelle* sprechen also gegen Sie, sondern auch mangelnde Kenntnisse *über das Unternehmen* verraten, dass Sie sich nicht genug bemüht haben. Wie kann Ihr potenzieller Arbeitgeber sicher sein, dass Sie diese Stelle wirklich wollen und Sie der richtige Kandidat dafür sind, wenn Sie so wenig über das Unternehmen wissen?

3. Zu spät kommen

Eigentlich sollte klar sein, wie wichtig es ist, die Anreise zum Vorstellungsgespräch gut zu organisieren. In der Praxis ist das für Bewerber oft ein Problem: Wer zu spät zum Vorstellungsgespräch kommt – und sei es nur wenige Minuten – macht einen (sehr häufigen) Fehler, der gleich gegen ihn spricht. Sie sollten so früh eintreffen, dass Sie noch Zeit haben, sich zu entspannen.

 STATISTISCHES

Etwa die Hälfte der Personalentscheider gibt einem Bewerber die Stelle nicht, wenn dieser mehr als zehn Minuten zu spät zum Vorstellungsgespräch erscheint, unabhängig davon, wie gut er sich präsentiert.

4. Mangelnde Begeisterung

Ihr Ziel muss es sein, den Spagat zwischen angemessener Begeisterung und übertriebener Euphorie zu schaffen! Personalentscheider stellen häufig fest, dass der Bewerber nicht genug Begeisterung aufbringt. Das spricht dann gegen ihn, auch wenn das bisweilen nur auf angespannte Nerven und Schüchternheit zurückzuführen sein mag. Denken Sie daran, dass eines wichtig ist im Vorstellungsgespräch: Zeigen Sie Ihre Begeisterung!

Selbstbewusste Menschen wirken vertrauenerweckend. Wenn Sie sich selbst zutrauen, die Stelle auszufüllen, ist die Wahrscheinlichkeit größer, dass Ihr potenzieller Arbeitgeber das auch tut. Mangelnde Begeisterung wirkt sich dagegen in der Regel fatal auf die Erfolgsaussichten aus!

5. Arroganz

Selbstvertrauen ist für ein erfolgreiches Vorstellungsgespräch unabdingbar. Doch genauso wichtig ist es, nicht in das andere Extrem zu verfallen und übertrieben selbstbewusst oder arrogant zu wirken. Dieser Fehler wird überraschend oft gemacht. Man muss sich schlicht seiner Stärken bewusst sein und seinen entsprechenden Wert kennen.

6. Unangemessene Kleidung

Ihr Outfit sagt alles! Wie Sie sich nach außen präsentieren, hinterlässt bei Ihrem Gesprächspartner einen bestimmten Eindruck, noch bevor Sie den Mund aufgemacht haben.

Wer professionell wirkt, wird von einem Personalentscheider auch als professionell eingestuft – oder eben umgekehrt. Denken Sie stets daran, dass Sie sich selbst vermarkten – die Art und Weise, wie Sie sich präsentieren, kann auf Ihr Gegenüber eine fast so starke Wirkung haben wie das, was Sie zu sagen haben. Ihre Aufmachung kann den entscheidenden Unterschied zwischen Erfolg und Misserfolg ausmachen. Auf Ihr Image kommt es an!

 STATISTISCHES

Forschungsergebnisse zeigen, dass es gerade einmal 30 Sekunden dauert, bis sich Ihr Gesprächspartner ein Bild von Ihnen gemacht hat. Nutzen Sie das zu Ihrem Vorteil!

7. Negative Körpersprache

Personalentscheider sind darin geschult, Kandidaten nicht nur aufgrund ihrer Äußerungen, sondern auch aufgrund ihrer Körpersprache einzuschätzen. Und selbst, wenn dies nicht der Fall sein sollte, wird Ihr Gesprächspartner für körpersprachliche Signale empfänglich sein – wie jeder Mensch. Unterschätzen Sie den Faktor Körpersprache nicht! Personalentscheider klagen regelmäßig über negative Signale bei Bewerbern wie schlaffer Händedruck, mangelnder Blickkontakt, krumme Haltung oder fehlendes Lächeln.

8. Schlechter erster Eindruck

Der erste Eindruck ist extrem wichtig. Personalverantwortliche können sich sehr schnell eine Meinung über einen Bewerber bilden. Ist der erste Eindruck schlecht, lässt sich das eventuell nicht wiedergutmachen. Denken Sie daran, dass Sie keine zweite Chance bekommen, einen ersten Eindruck zu hinterlassen.

FAUX-PAS

Viel zu viele Bewerber präsentieren sich mit einer Nikotin- oder Knoblauchfahne – oder noch Schlimmerem.

9. Fragen unzutreffend beantworten

Unterschätzen Sie nicht, wie leicht man gedanklich abschweift oder nicht richtig zuhört und deshalb nicht weiß, welche Frage eigentlich gestellt wurde. Man steckt schließlich in einer Stresssituation und es geht einem vieles durch den Kopf – da ist es gut möglich, dass man unaufmerksam wird.

Personalverantwortliche haben oft mit Bewerbern zu tun, die plötzlich vom Thema abkommen und eine völlig andere Frage beantworten als die, die ihnen gestellt wurde. Hören Sie aufmerksam zu und schalten Sie Ihr Gehirn ein, ehe Sie den Mund aufmachen!

10. Sich nicht erfolgreich verkaufen

Viel zu vielen Bewerbern gelingt es nicht, sich beim Vorstellungsgespräch erfolgreich zu verkaufen. Sie geben langweilige, einsilbige Antworten, ohne diese mit Beispielen aus dem richtigen Leben zu untermauern.

Es ist wichtig, potenzielle Fragen gedanklich gründlich durchzuspielen und eigene Antworten darauf zu finden. Wann immer es geht, sollten Sie reale Beispiele einfließen lassen und sich nicht nur theoretisch äußern. Wenn Sie konkrete und passende Beispiele aus Ihrer eigenen Erfahrung anführen, bekräftigen Sie Ihre Argumentation auf ideale Weise.

11. Nachplappern

Viele Bewerber klingen beim Vorstellungsgespräch so, als würden sie das, was sie in einem altmodischen Ratgeber gelesen haben, auswendig aufsagen. Tappen Sie nicht in diese Falle! Das ist sehr wichtig.

Beim Vorstellungsgespräch gibt es keine generell richtigen Antworten, sondern nur Antworten, die für Sie die Richtigen sind.

Auch wenn Sie eigene Antworten vorbereitet und geübt haben, sollten Sie darauf achten, diese so vorzutragen, dass sie natürlich und nicht einstudiert wirken.

12. Lügen

Lügen Sie nie beim Vorstellungsgespräch und sagen Sie auch nichts, das Sie nicht beweisen können! Viele Bewerber bekommen hier Probleme, noch bevor sie zum Vorstellungsgespräch eingeladen werden. Ein großer Prozentsatz der Leute scheint zu glauben, in den Lebenslauf ein paar kleine Schwindeleien einfließen lassen zu können – weil „das jeder macht" und weil viele Arbeitgeber die Bewerberinformationen nicht gründlich genug prüfen. Doch ich plädiere stets dafür, im Lebenslauf nur Wahres anzugeben. Andernfalls könnten Sie beim Vorstellungsgespräch leicht entlarvt werden.

 STATISTISCHES

Untersuchungen ergaben, dass etwa 30 Prozent der Bewerber beim Vorstellungsgespräch auf die eine oder andere Weise „lügen".

13. Kritik an anderen äußern

Probleme mit dem Vorgesetzten sind (laut Umfragen) der Hauptgrund für einen Stellenwechsel. Trotzdem sollte man nie etwas Negatives über einen gegenwärtigen oder früheren Vorgesetzten äußern. Kritik am momentanen Vorgesetzten gilt als einer der Hauptfehler, die man im Vorstellungsgespräch machen kann, unabhängig davon, ob die Kritik gerechtfertigt ist oder nicht.

Ebenso sollte man vermeiden, momentane oder ehemalige Kollegen zu kritisieren. Sie sollten sich daher bei den folgenden Fragen in Acht nehmen:

> ▶ Why do you wish to leave your current position? *(siehe S. 22)*
>
> ▶ Can you tell me about a major problem at work that you've had to deal with? *(siehe S. 52)*
>
> ▶ How would you describe your current boss? *(siehe S. 66)*
>
> ▶ Why did you leave that job? *(siehe S. 67)*
>
> ▶ How did you cope with the most difficult colleague you've ever had? *(siehe S. 102)*
>
> ▶ What are your current boss's weaknesses? *(siehe S. 109)*

14. Keine eigenen Fragen stellen

Wie ich bereits im vorhergehenden Kapitel ausgeführt habe, laufen Vorstellungsgespräche immer in zwei Richtungen ab. Sorgen Sie also dafür, dass Sie am Ende des Vorstellungsgesprächs eigene Fragen parat haben. Es ist so gut wie sicher, dass man von Ihnen wissen will: „Haben Sie irgendwelche Fragen an mich / uns?" Sehen Sie das als weitere Chance, Interesse und Begeisterung zu zeigen. Wenn Sie diese nicht nutzen, könnten Sie den positiven Eindruck, den Sie bislang hinterlassen haben, wieder zunichtemachen und beim Personalentscheider durchfallen.

15. Zu früh über Geld sprechen

Wie bereits gesagt, sollte man im ersten Vorstellungsgespräch keine Fragen zu Gehalt und Urlaub stellen, sofern Ihr Gegenüber diese Themen nicht selbst anschneidet. Und wenn Sie es trotzdem tun? Dann erscheinen Sie als Kandidat, dem es mehr darum geht, was er vom Arbeitgeber erwarten kann als darum, was er selbst anzubieten hat.

Allerdings könnte man Ihnen durchaus Fragen zum Thema Gehalt stellen.

> ▶ What ist your current salary package? *(siehe S. 92)*
>
> ▶ What salary package are you expecting for this role? *(siehe S. 93)*

TIPP

Weitere Hinweise zum generellen Umgang mit Fragen im Vorstellungsgespräch finden Sie im Kapitel „Wichtige Grundprinzipien" *(S. 11 ff.)*.

16. Nach dem Vorstellungsgespräch nicht nachhaken

Ja, ich weiß: Dieses Kapitel sollte sich mit den 15 häufigsten Fehlern beim
Vorstellungsgespräch befassen – aber jeder freut sich doch über eine Zugabe,
oder?! Hier für Sie also ein 16. Fehler: Nach dem Vorstellungsgespräch nicht
nachhaken. Ein Riesenfehler. Sie sollten Ihre absolvierten Vorstellungsgespräche verwalten – mit wem Sie an welchem Datum gesprochen haben etc.
So haben Sie den richtigen Durchblick, ob und wann Sie bei einer Bewerbung
nachhaken sollten. Es lohnt sich, gut organisiert zu sein!

Fazit

Ein Vorstellungsgespräch erfolgreich zu absolvieren ist im Grunde nicht
schwer. Sie müssen nur die nötige Zeit und Mühe aufbringen und sich entsprechend vorbereiten. Ich hoffe, mein Buch ist Ihnen dabei eine Hilfe!

VIEL GLÜCK!

Dank

Ich möchte mich bei allen früheren und jetzigen Kollegen sowie den Kunden von *The CV Centre*® bedanken, ohne die ich dieses Buch nicht hätte schreiben können. Besonders möchte ich meinem Chief Executive Officer Andy Dalziel danken sowie Susan Stanley, vormals Director of UK Operations.

Besonderer Dank geht an das Team bei Pearson, nämlich Eloise Cook, Emma Devlin, Paul East, Lesley Pummell, Dhanya Ramesh, desgleichen an das Team bei Lumina Datamatics, Lisa Robinson und Emma Steel. Ich hätte keine besseren Lektoren hinter mir haben können. Hilfe beim Überprüfen und Korrigieren des Textes erhielt ich auch von Michael Staley. Danke ebenfalls an alle, die mir beim Kapitel über ganz schön schräge Fragen geholfen haben!

Schließlich möchte ich meiner Frau Delfine Innes und meiner Tochter Aleya Innes für ihre Liebe und Unterstützung danken und dafür, dass sie mein Arbeitspensum für dieses Buch akzeptiert haben! Je vous aime …

Weiterführende Literatur

Borg, J.: Persuasion: The Art of Influencing People, 4. Auflage, Harlow 2013

Fagan, A.: Brilliant Job Hunting, 3. Auflage, Harlow 2013

Hodgson, S.: Brilliant Answers to Tough Interview Questions, 5. Auflage, Harlow 2014

Innes, J.: The Cover Letter Book, 3. Auflage, Harlow 2015

Innes, J.: The CV Book, 3. Auflage, Harlow 2015

Innes, J.: Ultimate New Job, London 2012

Jay, R.: Brilliant Interview, 3. Auflage, Harlow 2010

Yeung, R.: Confidence, 3. Auflage, Harlow 2013

Die Hälfte des Autorenhonorars für dieses Buch geht an den **Charlie Waller Memorial Trust**, eine Stiftung, die sich dem Thema „Depression" annimmt. Selbstmord gehört zu den drei häufigsten Todesursachen bei Teenagern und jungen Erwachsenen unter 25 Jahren, einer Altersgruppe, auf die fast ein Viertel aller Selbstmorde entfällt. Bitte setzen Sie sich zusammen mit mir für dieses wichtige Anliegen ein. Sie können online spenden unter: *www.justgiving.com/charliewaller*

Alle Fragen im Überblick

Top-10-Fragen

50 weitere klassische Fragen

Die 25 heikelsten Fragen

50 weniger häufige Fragen

Einige ganz schön schräge Fragen

Stichwortverzeichnis